Vinschgau
für Kinder

AUTONOME PROVINZ BOZEN SÜDTIROL
PROVINCIA AUTONOMA DI BOLZANO ALTO ADIGE
Deutsche Kultur

Die Drucklegung dieses Buches wurde ermöglicht durch
die Südtiroler Landesregierung/Abteilung für deutsche Kultur
und durch die Autonome Region Trentino-Südtirol.

BIBLIOGRAFISCHE INFORMATION DER DEUTSCHEN NATIONALBIBLIOTHEK
Die Deutsche Nationalbibliothek verzeichnet diese Publikation in der Deutschen Nationalbibliografie; detaillierte bibliografische Daten sind im Internet abrufbar: http://dnb.d-nb.de

2010

Umschlaggestaltung: Alberto Taddei, Bozen
Satz: Athesiaverlag
Druck: Athesiadruck, Bozen

ISBN 978-88-8266-633-0

www.athesiabuch.it
buchverlag@athesia.it

Vinschgau für Kinder

Heimat, die Spaß macht

Helene Dietl Laganda

Illustrationen
von Marion Prossliner

VERLAGSANSTALT ATHESIA | BOZEN

Hallo, ich bin

Ach, wisst ihr, ich bin zwar klein, aber superneugierig. Um meine Neugier zu stillen, muss ich notgedrungen viel unterwegs sein!

Na ja, ganz so viel müsste es auch nicht sein, aber der Vinschgau ist total spannend und überall kann man so viel entdecken! Ich möchte einfach immer wieder Neues erfahren und habe deshalb alles Mögliche erkundet. Geht es euch manchmal auch so? Ich stelle ständig Fragen und höre so viel Interessantes. Und nun möchte ich auch euch davon erzählen. Neugierig?

Dann kommt doch einfach mit mir mit! Erkundet mit mir dieses schöne Tal!

Ich führe euch durch den Vinschgau und habe euch dabei sehr viel zu erzählen, zur Geschichte, zur Landschaft und zu vielem mehr.

Tessi!

Ich finde es spannend die Landschaft zu erkunden und dabei allerhand über die Geschichte zu hören. Vielleicht wisst ihr ja schon, dass wir Mäuse im Vinschgau es nicht immer leicht hatten; – na ja, die Menschen vielleicht auch nicht, aber es war schon gemein, wie man uns vor fast 500 Jahren, also im Jahre 1519, einfach so vor Gericht stellte und den Prozess machte. Aber mehr davon später!

Ich bin eine
echte Südtirolerin
und kenne mich aus!

Inhalt

S. 8 Der Vinschgau ist ein ganz besonderes Tal
S. 11 Gemeinde Graun
S. 12 Rojen – ein Hochtal
S. 18 Gemeinde Mals
S. 19 Burgeis
S. 24 Schlinig – ein Hochtal
S. 26 Schleis
S. 27 Mals
S. 29 Laatsch
S. 30 Tartsch
S. 33 Matsch
S. 36 Glurns, die kleinste Stadt der Alpen
S. 40 Gemeinde Taufers im Münstertal
S. 43 Gemeinde Schluderns
S. 48 Gemeinde Prad am Stilfser Joch
S. 50 Lichtenberg
S. 52 Gemeinde Stilfs
S. 52 Trafoi
S. 55 Sulden
S. 56 Stilfs
S. 58 Gemeinde Laas
S. 58 Tschengls
S. 61 Eyrs
S. 62 Tannas
S. 64 Laas
S. 66 Gemeinde Schlanders
S. 66 Kortsch
S. 69 Schlanders
S. 71 Vetzan
S. 72 Göflan
S. 73 Gemeinde Latsch
S. 75 Goldrain
S. 76 St. Martin im Kofel
S. 77 Morter
S. 80 Tarsch
S. 83 Gemeinde Martell
S. 86 Gemeinde Kastelbell-Tschars
S. 89 Gemeinde Naturns
S. 92 Gemeinde Schnals
S. 96 Die Stilrichtungen
S. 98 Wichtige Rufnummern
S.101 Rätsel

Der Vinschgau ist ein ganz besonderes Tal

Das breite U-Tal beginnt am Reschenpass und endet an der Töll. Es wird vom zweitlängsten Fluss Italiens, nämlich von der Etsch durchflossen. Die Berge, die das Tal umgeben, sind gegen Norden hin die Ötztaler Alpen mit der Weißkugel als höchste Erhebung. Gegen Süden erhebt sich die Ortlergruppe mit König Ortler und die Ultner Berge, deren höchster Gipfel das Hasenöhrl ist.

Der Hauptort des Tales ist Schlanders. Sicher habt ihr schon davon gehört, dass alle Ortsnamen von Wissenschaftlern untersucht werden. Diese Leute suchen nach den Ursprüngen der einzelnen Bezeichnungen und sagen uns, was der Name genau genommen bedeutet. Allerdings kann nur bei den wenigsten Namen mit Sicherheit gesagt werden, was sie ursprünglich bedeuteten!

Einige Wissenschaftler meinen doch tatsächlich, dass *Vinschgau* in unserer Sprache heute „schönes Tal" heißen würde! Na ja, ob das wirklich stimmt, weiß ich nicht, aber dass der Vinschgau ein schönes Tal ist, das stimmt auf alle Fälle!

Vergoldete Statuette von Kaiser Karl dem Großen

Die Römer sicherten ihre Straßen, indem sie immer wieder Kastelle errichteten und mit Meilensteinen die Entfernungen anzeigten. Die Römer eroberten den Vinschgau um 15 n. Chr. und erbauten die Via Claudia Augusta durch das Tal, jene Straße durch die der Vinschgau dann bekannt und bedeutend wurde.

Ein römischer Meilenstein

Karl der Große teilte sein Reich in Marken und Gaue ein. Eine Mark oder ein Gau war ein kleines, überschaubares Gebiet, das meist ein Markgraf oder ein Gaugraf zu überwachen hatte. Und der Vinschgau war auch so ein Gebiet, in dem es einen Gaugrafen gab, der die Menschen überwachte, die Steuern kassierte und diese an den König oder Kaiser weiterreichte, manchmal aber auch den Menschen zur Seite stand und half. Also schon im Namen „Vinschgau" steckt viel Geschichte! Ist das nicht spannend?

Der Vinschgau beginnt am Reschen. Der Reschen ist ein wichtiger Pass, über den die Römer eine sehr bekannte Straße – die Via Claudia Augusta – gebaut haben. Dieser Übergang über die Alpen war früher sehr wichtig. Die Menschen reisten schon immer sehr gerne, und im Vinschgau lebten schon sehr früh Menschen und legten interessante Siedlungen an.

Ich zeige euch etwas später solche Siedlungsplätze, zum Beispiel den Tartscher Bühel oder den Ganglegg. Dort lebten Zeitgenossen von Ötzi, dem Mann aus dem Eis.

Im Laufe der Geschichte wanderten sehr viele Menschen über den Reschenpass und versuchten diesseits oder jenseits des Passes ihr Glück, denn ganz so einfach war das Leben in alter Zeit wohl nicht.

Auch viele Kaiser zogen über diesen Pass. Deshalb nannte man die Straße auch Kaiserstraße. Diese Kaiser reisten bis nach Rom zum Papst, der ihnen die Kaiserkrone auf das Haupt setzte und sie segnete, denn erst nach diesem päpstlichen Segen durften sie sich Kaiser nennen. Der Reschen war ein sehr wichtiger Übergang vom Norden nach Süden. Im Winter war der Weg oft sehr beschwerlich. Manchmal, wenn der berühmt-berüchtigte Oberwind blies und heulte, war es sehr schwer wei-

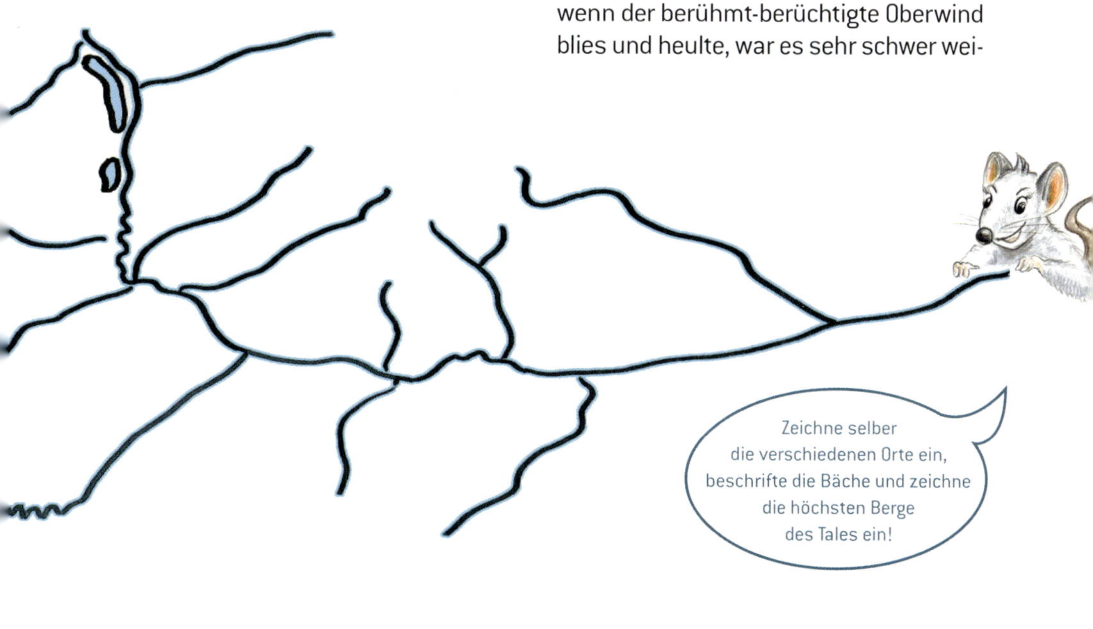

ter zu kommen. Es gab ja nur die Füße, die die Menschen trugen oder höchstenfalls Pferde für einige Reiche; also wirklich, wenn ich mir das so vorstelle, dann wird mir schon ganz kalt!

Der eisige Wind, die Kälte und die mächtigen Schneedünen, die der Wind aufschüttete!

Heute ist dies alles einfacher. Die Straßen sind geteert, die Schneepflüge fahren im Winter und räumen den Schnee weg und im Sommer ist es sowieso recht gemütlich. Da werde ich zu einer richtigen Wandermaus!

Ich werde jetzt vom Reschenpass bis zur Grenze des Bezirks wandern und euch alle Besonderheiten zeigen. Kommt ihr mit?

Ich stelle euch die einzelnen Gemeinden des Tales vor, erzähle euch von der Geschichte und habe einige spannende Sagen für euch vorbereitet.

Sagen sind Geschichten, die sich die Menschen immer wieder erzählt haben. Manchmal wurden sie ein bisschen verändert; es steckt heute meist nur mehr ein kleiner wahrer Kern drin, der Rest ist dazu erfunden. Und trotzdem sind diese Geschichten interessant und manchmal sogar lehrreich!

Seid ihr bereit? Also los geht's!

Am Seeufer des Reschensees gibt es spannende **Schautafeln,** die über die traurige Geschichte der Seestauung erzählen und deren Bildmaterial einen Einblick in das wohl dunkelste Kapitel der Grauner Geschichte gibt.
Im Ort befindet sich auch ein **Dorfmuseum,** die aktuellen Öffnungszeiten sind über das Tourismusbüro zu erfragen.
Vom Parkplatz am Seeufer ausgehend, kann man am See entlang spazieren und trifft auf einen geräumigen, gut gestalteten **Spielplatz.**

Reschenstausee mit Grauner Kirchturm

Gemeinde Graun

Die Gemeinde Graun ist mit ihren 210,37 Quadratkilometern Ausdehnung flächenmäßig die zweitgrößte Gemeinde des Tales. Zur Gemeinde Graun zählen die Orte Reschen, Graun, St. Valentin sowie das Rojen- und das Langtauferer Tal. In diesem Gebiet leben zirka 2500 Menschen.

Aber wie sah das Oberland, also jener Talabschnitt zwischen der heutigen Staatsgrenze und dem Dorf Burgeis, früher, als der Haider See das Dorf noch nicht überflutet hatte, wohl aus? Hier im Oberland gibt es nämlich etwas sehr Trauriges zu erzählen. Einst gab es hier drei Seen: den Reschensee, den Grauner See und den Haider See. Alle drei waren natürliche Seen und übten einen ganz besonderen Reiz auf die Landschaft aus. Später machte man aus zwei Seen einen großen Stausee; das war wohl das schlimmste Ereignis, das das Oberland je erlebt hat.

Am Reschen entspringt die Etsch. Die junge Etsch, die übrigens der zweitlängste Fluss Italiens ist, floss aber durch drei natürliche Seen. Heute ist dies etwas anders. Damals folgte das Wasser noch seinem natürlichen Lauf und selbst wir Mäuse wussten, wo wir unsere Wege anlegen mussten, um nicht „herausgeschwänzt" zu werden.

Aber wie so oft in der Geschichte, wurde plötzlich alles ganz anders! In den Jahren 1948–1950 entstand in Schluderns ein Großkraftwerk zur Stromerzeugung. Man wollte mit dem Wasser Strom gewinnen. Um riesige Wassermengen fassen zu

Die gesprengte Grauner Pfarrkirche; nur der Turm bleibt stehen und ragt heute aus dem Stausee.

können, hat man damals den schönen Ort Graun einfach unter Wasser gesetzt. Was haben die Menschen damals in ihrer Verzweiflung geweint! Und natürlich auch die Mäuse! Niemand durfte mehr im eigenen Haus bleiben, alle mussten den Ort verlassen.

Der Piz Lat, dieser mächtige Berg an der Grenze, bietet einen herrlichen Ausblick. Von ihm aus sieht man weit in das Tal der jungen Etsch, aber auch in das Tal des jungen Inn und ins Engadin, zu unseren Schweizer Nachbarn.

Natürlich sieht man auch in das Rojental, das erste Seitental des Vinschgau nach der heutigen Staatsgrenze.

Rojen – ein Hochtal

Das Rojental gehörte einst dem Bischof von Chur. Chur ist heute die Hauptstadt vom Kanton Graubünden, der ein Teil der Schweiz ist. Früher hatte der Churer Bischof im Vinschgau viel zu sagen. Nicht nur alle Priester im Tal mussten auf ihn hören, sondern auch viele Bauern. Der Bischof verfügte nämlich über sehr viel Besitz im Tal. Das Rojental gehörte lange ihm alleine. Die dortigen Höfe nannte man Käseschwaigen oder Schafschwaigen, also Schwaighöfe, die als Zins (Miete) Käse abliefern mussten.

Manchmal verbrachte der Bischof im Rojental seinen Urlaub. Und weil ein Bischof natürlich in einem schönen Haus wohnen sollte, gibt es dort heute noch einen Hof mit einer wunderschönen, go-

St. Nikolaus in Rojen

Graun

Eine kurze Erklärung zu den Stilrichtungen findest du auf den Seiten 96 und 97!

tischen Bischofstube. Gotische Stuben sind meist vollständig getäfelt, haben eine Balkendecke und sind oft sehr schön verziert.

Aber nicht nur diese Stube ist wunderschön, auch die kleine Kirche daneben, die dem heiligen Nikolaus geweiht ist, müsst ihr euch anschauen. In dieser Kirche ist der gesamte Altarraum ausgemalt. Besonders gut gefallen mir die Heiligen Drei Könige und natürlich Bischof Nikolaus! Also da hat der Bischof wirklich einen Glücksgriff getan, als er sich einen Maler suchte, der ihm Fresken an die Wände malen sollte. Fresken sind einfach nur Bilder, die man auf den frischen Mörtel gemalt hat – sie heißen Fresken, weil das von fresco kommt, also frisch! In St. Nikolaus erzählen die Fresken vom Leben Jesu.

Jetzt geht es wieder zurück nach Reschen, einem Dorf mit vielen Hotels. Das Skigebiet Schöneben ist ein richtiger Tummelplatz für Skifahrer und Rodler und aus diesem Grund halten sich in Reschen im Winter immer viele Touristen auf.

Der heutige Reschenstausee beginnt in Reschen und zieht sich hinüber bis nach Graun, jener Ortschaft, die um die Mitte des 20. Jahrhunderts kurzerhand unter Wasser gesetzt wurde.

In unmittelbarer Nähe zum alten Dorf gründete man dann die „junge“ Ortschaft Graun. Vom Hügel aus konnten die Grauner beobachten, wie man ihre Häuser, ja sogar ihre Kirche sprengte. Nur der Turm der ehemaligen Pfarrkirche blieb stehen und dieser ragt heute noch als Mahnmal einer unmenschlichen Tragödie aus dem Wasser.

Freskendetail
aus St. Nikolaus in Rojen

Bei Graun zweigt ein beschauliches Bergtal ab – das Langtauferer Tal. Durch das Tal fließt der Karlinbach, der in den Grauner See mündet.

In diesem Gebirgstal gibt es mehrere kleine Weiler und in jüngster Zeit auch eine Erlebnisschule! Vielleicht hast du schon mal einige Tage in dieser besonderen Schule verbracht?

Na ja, erleben kann man natürlich in jeder Schule sehr viel, in dieser Schule können Kinder aber erleben, wie man mit Tieren umgeht, was man alles aus Schafwolle machen kann und wie aus Milch Butter wird! Hefte braucht man hier kaum, dafür aber mutige Hände zum Zupacken!

Kapelle bei der Weißkugelhütte, im Hintergrund das Weißkugelmassiv

Ganz hinten, am Talschluss, kann man auf die Weißkugel klettern, dem zweitgrößten Gletscher im Tal. Aber das ist nichts für uns! Das überlassen wir gut durchtrainierten Bergsteigern. Doch wer weiß, vielleicht wagst du es, wenn du größer bist! Heute ist dieser Gletscher ein großer Wasserspeicher, aber früher gab es dort eine Stadt.

Zugegeben, ich kann nicht garantieren, ob das auch alles so stimmt, was ich euch jetzt erzählen möchte! Es handelt sich hierbei nämlich um eine Sage und von einer Sage weiß niemand mehr so genau, was wahr ist und was im Laufe der Zeit dazu erfunden wurde.

Ich kann euch nur sagen, diese Sagen sind dennoch toll – deswegen werde ich euch auch noch viele erzählen! Und wenn ihr am Ende dieses Buches angelangt seid, werdet ihr sie genauso mögen wie ich!

Damit ihr aber die wirkliche Geschichte und die Sagen sofort auseinanderhalten könnt, wähle ich für die Sagen jedes Mal eine andere Schriftart.

Vom Weiler Melag gibt es eine angenehme Wanderung zur Melager Alm, welche auch mit Kleinkindern und eventuell mit Kinderwagen zu bewältigen ist. Auf der Melager Alm besteht eine Einkehrmöglichkeit!

Die Stadt Onanä

An der Stelle, wo der Langtauferer Ferner ins Tal reicht, breitete sich einst eine große, reiche Stadt aus, die Onanä hieß. Ihre Einwohner führten ein sorgenfreies Leben, besaßen sie doch alles in Hülle und Fülle. Das Wohlergehen dauerte aber nicht lange. Ausgelassenheit und Unbarmherzigkeit stürzten die stolze Stadt ins Verderben. Eines Tages kam ein armer Wanderer nach Onanä und bat um ein Almosen und eine Unterkunft. Die übermütigen Städter jagten den Armen mit Hohn und Spott davon.
Da verfluchte der Bettler die Stadt, indem er sprach:
Stadt Onanä, weh dir, weh!
Es schneiet Schnee und apert nimmermeh!
Die Worte des Wanderers gingen sogleich in Erfüllung. Es begann noch am selben Tag zu schneien, die Flocken fielen immer dichter, bis an der Stelle von Onanä ein mächtiger Gletscher sich erhob.
Jetzt noch hört man in der schaurigen Tiefe des Ferners ein eigenartiges Regen und Leben wie in einer belebten Stadt, zuweilen soll sich sogar noch der Stadtturm aus dem Eise erheben.

Übermut tut eben selten gut! Aber übermütig sind die Menschen heute auch! Wenn das so weitergeht, werden die Gletscher wieder schmelzen und dadurch könnte das Wasser knapp werden. Geht also immer sparsam und sorgsam mit den „Schätzen" der Natur um.

Das nächste Dorf ist St. Valentin. Hier spürt man den Oberwind ganz besonders. Von St. Valentin nach Burgeis gab und gibt es im Winter immer wieder Schneeverwehungen.

Kein Wunder, dass Ulrich Primele von Burgeis schon um 1100 erkannte, dass man in dieser Gegend dringend ein Hospiz brauchte! So wurde in St. Valentin ein Hospiz gegründet. Die Johannitermönche (das sind die Mönche des Johanniterordens, die eine gemeinsame Ordensregel haben) führten es und sie nahmen alle Reisenden auf, die eine Nacht bleiben wollten. Heute würden wir vielleicht *Gästehaus* dazu sagen! Luxus gab es da natürlich keinen, aber die Menschen waren schon froh, eine einfache Unterkunft, ein Dach über dem Kopf zu haben.

Das alte Hospiz von St. Valentin

Wer reich war, musste dafür bezahlen, wer aber arm war, durfte gratis über Nacht bleiben. So wurden sicher viele Menschen vor dem Erfrieren gerettet. Um dieses Hospiz herum ist nach und nach der Ort entstanden.

Eine Siedlung, die zu St. Valentin gehört, heißt „Fischerhäuser". Dieser Weiler war in der Vinschger Geschichte wichtig, weil hier die Fischer wohnten, die aus dem Haider See fischten. Lange Zeit durften nur die Mönche des Klosters Allerengelsberg aus dem Schnalstal hier fischen!

Gleich daneben liegt der Weiler Montplair, auch Dörfl genannt. Dieses kleine Nest hat einen alten Kern; hier soll vor langer, langer Zeit einmal ein römisches Kastell gestanden haben. Davon findet man heute aber keine Spuren mehr; man nimmt aber an, dass die Via Claudia Augusta durch diesen kleinen Ort führte.

Und wir wandern jetzt hinunter, vorbei am langen Kreuz und am Windrad in die nächste Gemeinde. Gleich neben dem Windrad steht die Tafel mit dem Hinweis, dass hier die Gemeinde Mals beginnt, zu der viele kleine Ortschaften gehören.

Aber halt, zuvor gibt es noch ein Rätsel!

RÄTSEL

Wie heißt das Tal, in dem früher der Churer Bischof manchmal auf Urlaub weilte?

- Langtauferer Tal
- Rojental
- Fischerhäuser

Trage den ersten Buchstaben der richtigen Antwort in das Kästchen ein!
Am Ende des Buches brauchen wir ihn!

Auf der Malser Haide gibt es noch einige Waale, die zum Bewässern der Felder sehr wichtig sind. Diese Waale wurden bereits vor der Römerzeit errichtet. Der Vinschgau ist das niederschlagsärmste Tal der Westalpen, deshalb müssen die Felder ständig bewässert werden.

An den Waalwegen halten sich viele Kleintiere auf; es wachsen dort oft auch wunderschöne Blumen und Gräser und es ist ein besonderes Erlebnis, wenn man entlang von Waalen spazieren geht.

Waal auf der Malser Haide mit dem Ortler im Hintergrund

Fährt man mit dem Lift von St. Valentin aus auf die Haider Alm, so kann man fast eben, teils etwas abfallend, zur **Oberdörfler Alm** wandern und von dort wieder zurück nach St. Valentin oder auch nach Burgeis. Für größere Kinder ist dies eine zu empfehlende Wanderung. Dafür müsst ihr euch aber einen halben Tag Zeit nehmen (ca. 3 bis 4 Std.)

Gemeinde Mals

Die Marktgemeinde Mals verfügt über eine Fläche von 247,11 Quadratkilometern und ist somit flächenmäßig die größte Gemeinde des Tales. Zur Gemeinde Mals gehören folgende Fraktionen: Burgeis, Laatsch, Matsch, Plawenn, Planeil, Schleis, Schlinig, Tartsch und Ulten/Alsack. Es leben etwa 5000 Personen auf diesem Gebiet.

Etwas oberhalb der Talsohle liegt der kleine Ort Plawenn. Das auffallendste Gebäude, ein rosa angestrichenes Haus, ist der höchstgelegene Edelansitz Europas und gehört auch heute noch dem Grafen von Plawenn.

Etwas südlicher zweigt das Planeiltal ab, durch das die Puni fließt. Dieses Tal war einmal ein typisches rätoromanisches Hochtal. Fast alle Bewohner sprachen über Jahrhunderte rätoromanisch und das Dorf war ein richtiges Haufendorf: Die Häuser waren fast ineinander verschachtelt. Heute ist dies nicht mehr so. Zwei große Brände haben Planeil im Jahre 1985 und 1986 zerstört, aber die Planeiler ließen sich nicht unterkriegen, sie bauten ihr Dorf wieder auf.

Jetzt wird auch in Planeil nicht mehr rätoromanisch gesprochen. Diese Sprache war früher im Vinschgau sehr verbreitet. Nun spricht sie hier niemand mehr, aber hinter der Schweizer Grenze – im Engadin – kann man diese Sprache noch überall hören.

Auf der anderen Talseite wartet nun ein schmucker Ort auf uns. Es ist Burgeis, die größte Fraktion von Mals, die darauf wartet, entdeckt zu werden.

Burgeis

Burgeis ist ein Dorf mit vielen schönen Häusern und einem sehr idyllischen Hauptplatz. In Burgeis gibt es mitten im Dorf noch einige Kleinbauern. Geht man durch das Dorf, kann man so manchen Blick auf eine Kuh werfen und in einigen Ecken auch auf einen kleineren Misthaufen.

Früher, so erzählt man sich, soll es in Burgeis mehrere Norggen gegeben haben. Einen Norggen stellt man sich als eher kleines Männchen vor. Solche Norggen haben oft auf den Bauernhöfen gearbeitet und so manch einer soll mitunter recht zornig geworden sein.

Gebirgsnelke

Enzian

St. Nikolaus in Burgeis

Planeil

Das Norggele

Ein altes Sprichwort warnte zu Recht die jungen Mädchen vor den listigen Norggen: „Schließ die Kammer fein, sonst kommt der Norgg hinein!“ Norggen lebten in den Bergen, traten aber oft in den Dienst von Bauern.

So kam einmal ein Norggele vom Berg herunter nach Burgeis und nahm bei einem reichen Bauern die Stelle eines Gänsehirten an. Der Bauer hatte aber ein gar sauberes Töchterlein mit Namen Agnes, das an einem Bein etwas hinkte. Das Zwerglein, das anfangs getreulich seinen Dienst verrichtete, fing plötzlich an zu dichten und sang gut gelaunt mit seiner widerlichen Stimme bei der Hüterei allerlei Liebeslieder.

Das Mädchen war boshaft genug, es bei der Meinung zu lassen, dass auch sie ihm zugetan war, nur möge es nach Brauch und Sitte bei seinem Vater um die Hand anhalten. Am nächsten Sonntag zog das Männlein sein bestes Feiertagskleid an und mit einem wunderschönen Blumenstrauß in der Hand trat es vor den Vater seiner Geliebten hin und brachte tapfer sein Anliegen vor. Der Bauer brach in schallendes Gelächter aus und versuchte den armen Wicht von seinem nutzlosen Ansinnen zu überzeugen. Der Norgg war darüber schwer beleidigt. Es stieg ihm eine dunkle Zornesröte ins Gesicht und seine Augen begannen in wilder Bosheit zu funkeln, als er mit krächzender Stimme den Spottvers zu singen begann: „S’ Dindl hot an tschirgatn, tschergatn Gong, do kamatn zwoa tschirgate, tschergate zomm!“

Der erzürnte Bauer packte daraufhin den Unhold bei einem Arm und warf ihn zum Hause hinaus. Seit jener Stunde war der enttäuschte Norgg aus Burgeis verschwunden, aber seine Rache ließ nicht lange auf sich warten. Als Agnes kurze Zeit darauf heiratete und Mutter eines gesunden Buben wurde, raubte der boshafte Norgg das Kind aus der Wiege und legte statt seiner eine Kröte hinein. Die Mutter erschrak über diesen grausamen Streich derart, dass sie bald darauf starb.

Tatzelmännchen am kleinen Portal der Pfarrkirche

Nahe dem Dorf erhebt sich die **Fürstenburg**, eine Burg, die wie so vieles im Vinschgau dem Churer Bischof gehörte. Dieser ließ die Burg um 1280 bauen, sie diente ihm als Gerichtssitz für seine Leute – die Gotteshausleute.

Manchmal bewohnte der Bischof für einige Zeit diese Burg. Deshalb gibt es in der Burg sehr schöne Bischofstuben, eine kleine Kapelle und im Burghof interessante Malereien.

Im 16. Jahrhundert, so erzählt man sich, soll in dieser Burg auch eine Frau eingesperrt gewesen sein, von der man behauptete, sie sei eine Hexe. Man sagte ihr nach, sie hätte ein Gewitter herbeigehext und so die Plawenner Mure herab beschworen. Diese Mure hatte im Ort großen Schaden angerichtet. Deshalb steckte man diese Frau ins Verlies!

Heute weiß man natürlich, dass es keine Hexen gibt, aber damals, im 16. Jahrhundert, als dies geschah, glaubten die Menschen oft allerhand!

Doch nicht nur die Fürstenburg ist sehr interessant. In Burgeis befindet sich auch eine schöne **Pfarrkirche** mit einem gotischen Turm. Der Turm hat ein sehr spitzes Dach und ragt weit in den Himmel. Man erbaute ihn um 1425. Dieser Kirchturm war der erste gotische Kirchturm, der im Vinschgau errichtet wurde. Aber schaut euch mal die kleine Eingangstür zur Kirche genauer an! Da gibt es etwas Lustiges zu entdecken: Es sind dies zwei „**Tatzelmännchen**“ in Marmor gehauen, die auf einen alten rätischen Wachstumskult verweisen.

Wenn man von „Kult“ spricht, so sind meist Bräuche gemeint, die für die Menschen wichtig waren, als sie noch an viele Götter glaubten und nach heidnischen Sitten und Bräuchen lebten. Manchmal finden wir auch heute noch kleine Reste davon!

Fürstenburg

Turm der Pfarrkirche Burgeis

Die Sirenen in St. Nikolaus

Auch die St.-Nikolaus-Kirche ist einen Besuch wert. Dort gibt es romanische Fresken der Marienberger Malschule zu sehen. Diese Malschule nennt sich so, weil sie im Kloster Marienberg ein besonderes Werk hinterlassen hat. Die Romanik ist die Kunstrichtung, die zwischen 1000 und ca. 1300 vorherrschend war. Es gilt als besonderes Glück, wenn noch Fresken aus dieser Zeit erhalten sind. Aber auch in St. Nikolaus gibt es etwas Einzigartiges! Schaut mal genau an die Altarwand! Man kann dort eine eigenartige Gestalt betrachten: eine Syrene. Eine Syrene ist eine Gestalt, die aus der Sagenwelt der alten Griechen und Römer kommt und halb Frau, halb Fisch ist.

Heute fällt hinter der Kirche das Gelände steil ab. Das war nicht immer so.

Im Jahre 1855 ist der See von St. Valentin über die Ufer getreten. Die Etsch wurde zu einem reißenden Fluss und schwemmte in Burgeis mehr als 30 Häuser und Stallungen und natürlich auch Felder und Erdreich weg. Von diesem Schicksalsschlag hat sich der Ort lange nicht erholt.

Damals wurden auch die Dörfer Schleis und Laatsch und das schmucke Städtchen Glurns überschwemmt.

Über der Fürstenburg liegt ein wunderschöner weißer Bau; es ist dies das Kloster Marienberg! Marienberg ist ein Benediktinerkloster, das Ulrich und Uta von Tarasp im Jahre 1146 gegründet haben. Das Kloster war für den gesamten Vinschgau sehr bedeutsam. Früher hat es viele Höfe besessen und hatte dementsprechend auch viele Eigenleute. Eigenleute wurden Menschen genannt, die zu einem Grundherrn oder Kloster, so wie in unserem Falle hier, gehörten.

Weithin über das Tal kann man den Blick schweifen lassen von diesem Ort.

Das Kloster wurde des Öfteren umgebaut, es hat heute eine barocke Kirche. Unter dieser Kirche liegt ein großer Schatz, die romanische Krypta, die in einer ganz besonderen Art mit Fresken ausgeschmückt ist. Diese Fresken zeigen Engel auf einem blauen Untergrund, den man aus Lapislazuli, einem wertvollen Edelstein, schuf!

Die Krypta von Marienberg ist weit über den Vinschgau hinaus bekannt, ihre wunderschönen Fresken sind berühmt.

In Marienberg war lange Zeit eine Schule untergebracht; deshalb war dieses Kloster über Jahrhunderte das kulturelle Zentrum des Oberen Vinschgaus.

Heute befindet sich im Kloster ein neues, sehr schön gestaltetes Museum. In diesem Museum kannst du allerhand Interessantes zur Geschichte des Klosters entdecken.

Wenn man sich die wunderschön verzierten Bücher und Buchdeckel anschaut, kann man sich vorstellen, wie viel Zeit die Mönche früher in den Schreibstuben verbracht haben, um uns ihre Geschichte zu erzählen! Sie haben häufig Bücher abgeschrieben, aber auch in einem besonderen Buch, in der Chronik, alles aufgeschrieben, was zu ihren Lebzeiten passiert ist. Das Kloster besitzt in seiner großen Bibliothek einen weiteren Schatz. Dabei handelt es sich um die älteste Chronik Tirols. Goswin, ein Mönch des Klosters, verfasste sie im 14. Jahrhundert. Goswin lebte im 14. Jahrhundert und vermerkte in seiner Chronik alles, was zu seiner Zeit passierte. So wissen wir nicht nur von der Pest, die damals wütete, sondern auch, dass ein Erdbeben das Tal heimsuchte.

Das Museum in Marienberg ist von Ostern bis Allerheiligen täglich (außer Sonn- und Feiertags) von 10 bis 17 Uhr geöffnet. Wer aber die Krypta sehen will, kann das nur, wenn er die Vesper besucht. In der übrigen Zeit sind die Öffnungszeiten reduziert und über die Rufnummer 0473 843980 zu erfragen.

Kloster Marienberg

Schlinig – ein Hochtal

Vorbei an Marienberg gehen wir nach Schlinig, ein Tal, in dem im Winter der Langlaufsport nicht mehr wegzudenken wäre. Die Loipe führt durch das Schlinigtal bis auf die Alm, streckenweise neben dem Metzbach, der durch das Tal fließt und bei Schleis in die Etsch mündet.

Aber nicht nur sportlich sind sie, die Schliniger. Vorbei an der Schlininger Alm geht es zum Schlinigpass und in die Schweiz. Als das Überleben sehr schwer und die Bevölkerung im Vinschgau sehr arm war, sollen auf diesem Pfad viele Bewohner des oberen Vinschgaus in die Schweiz gegangen sein, um Saccharin (Zucker), Kaffee und Zigaretten zu kaufen. Diese Waren verkaufen sie dann hier bei uns heimlich. Dieser Schmuggel wurde vor allem in der Zeit der zwei Weltkriege (1914–1918: Erster Weltkrieg, 1939–1945: Zweiter Weltkrieg) betrieben. Damals war es verboten, Waren über die Grenze zu tragen und sie dann zu verkaufen. Wer dennoch so handelte, war ein Schmuggler.

Nahe der Schliniger Alm gibt es einen besonderen Stein, den Hermannstein. Auf diesem Stein soll Ulrich von Matsch, der grausame Vogt, den Abt Hermann vom Kloster Marienberg umgebracht haben.

Ein Vogt war ein mächtiger Mann, der Zinsen eintreiben konnte, aber die Menschen und in diesem Falle das Kloster Marienberg und seine Mönche, eigentlich beschützen sollte. Und dazu gibt es natürlich wiederum eine Sage. Aber Achtung, jetzt wird's richtig schaurig! Angsthasen blättern bitte einfach um!

Pfarrkirche mit Widum in Schlinig

Abt Hermann

Der selige Hermann, Abt von Marienberg, wurde in Schlinig auf Befehl des Grafen Ulrich von Matsch enthauptet. Gleich nach dem Martertod erschien er einem gottesfürchtigen Soldaten, der im Schlosse Fürstenburg Wache stand, in verklärter, leuchtender Gestalt. Der Wachsoldat erschrak zunächst, fasste dann aber Mut und redete die Erscheinung an: „Im Namen des lebendigen Gottes, wer bist du?“ Darauf erwiderte die schneeweiße Gestalt: „Ich bin Hermannuns, der Abt.“ „Warum nimmst du hier den Weg durch das Schloss?“, fragte der Soldat. Darauf sprach der Abt: „So wie du zur Nachtzeit diese Burg getreu bewachst, so will ich das Gotteshaus zu Marienberg allzeit in meinem Schutz nehmen.“ Nach diesen Worten verschwand der Selige. Den gewalttätigen Vogt Ulrich von Matsch, den Mörder des Abtes Hermann, ereilte ein schrecklicher Tod. Er wurde einige Zeit hernach von einem erzürnten Malser Bauern erschlagen.

Schliniger Alm

Schlinig

Schleis

Nun verlassen wir das Schlinigtal wieder und wandern dem Metzbach entlang nach Schleis. Auch dieser kleine Ort hatte früher sehr viel mit dem Kloster Marienberg zu tun. Damals gehörten viele Höfe in Schleis dem Kloster.

Einst standen in Schleis zwei Kirchen, aber eine gewaltige Mure, die über den Metzbach vom Schlinigtal herausrollte, zerstörte 1855 eine Kirche.

Im Jahre 1855 wurde das nette Dörfchen dann durch den Ausbruch des Haidersees überschwemmt.

Aber die Schleiser ließen sich nicht unterkriegen. Sie bauten ihren Ort wieder auf und errichteten einige schöne Höfe.

Pfarrkirche von Schleis

Von Schleis ist es nur einen Katzensprung, äh einen Mäusesprung nach Mals. Ich hoffe doch sehr, vor keiner Katze flüchten zu müssen!

Von Schleis kommend stehen wir am westlichen Ortseingang vor einer besonderen Kirche: vor der karolingischen St.-Benedikt-Kirche. Als „karolingisch" werden der Baustil und die Malerei bezeichnet, die um die Zeit von Kaiser Karl dem Großen entstanden. Dieser lebte von 742 bis 814.

St. Benedikt ist die älteste Kirche des oberen Vinschgau und wurde bereits zur Zeit Kaiser Karls des Großen, also um 800 n. Chr. erbaut.

Sie ist mit wunderschönen Fresken ausgeschmückt. Eine Besonderheit stellt das einzige Portrait eines fränkischen Grundherrn in Tracht in Europa an der Altarwand dar. Ein Portrait ist eine Darstellung eines Menschen; die des fränkischen Grundherrn ist noch entstanden, als der Grundherr lebte. Das sagt uns der viereckige Heiligenschein, der seinen Kopf umgibt. Der Grundherr war ein mächtiger Mann, den vermutlich Kaiser Karl der Große eingesetzt hatte, damit er den Grund verwaltete und darauf achtete, dass die

In Mals befindet sich die Endstation der Vinschger Bahn. Direkt am Bahnhof befindet sich der Radverleih und ein schöner, großzügig gestalteter Spielplatz.
In unmittelbarer Nähe des Bahnhofs befindet sich die Sportzone mit Hallen – und Freibad. Auch im Sommer ist das Hallenbad offen, sodass schwimmen auch zum „Schlechtwetterprogramm" gemacht werden kann.

Mals

Bauern ihn ordentlich bewirtschafteten.

Die Altarschranke von St. Benedikt besteht aus einem der wenigen bearbeiteten Steine aus karolingischer Zeit! Eine Altarschranke diente früher zur Abgrenzung des Altarraumes. Sie teilte den Kirchenraum in den Altarraum, der dem Priester vorbehalten war, und den Besucherraum für die Gläubigen.

Jede Form hat eine Bedeutung: Der Kreis steht für Christus; die Lilie ist das Zeichen von Kaiser Karl dem Großen!

Insgesamt ist Mals ein sehr interessanter Ort. In Mals gab es früher sieben Kirchen, deshalb wurde der Ort einige Zeit auch „Siebenkirchen" genannt.

Im Ort findet man auch heute noch mehrere romanische Türme, die alle mit Rundbogenfenstern und Friesen geschmückt sind. Der Turm der Pfarrkirche allerdings ist gotisch, das zeigt sich zum einen an dem hohen, spitzen Turmhelm, zum anderen an den Spitzbogenfenstern mit Maßwerk.

Mitten im Ort gibt es die Ruinen der Fröhlichsburg. Der runde Bergfried (Bergfried nennt man den Turm einer Burg) ist noch vollständig erhalten. In dieser Burg war einst der Gerichtssitz, hier wurden also Menschen für ihre Vergehen von einem Richter bestraft. Erbaut wurde die Burg vermutlich vom Churer Bischof, dann wurde sie aber verkauft und so war sie lange Zeit Wohnturm der Tiroler Richter. Das Gericht wurde nach Glurns verlegt, die Burg kaufte die Richterfamilie Fröhlich, von der sie auch heute noch den Namen trägt.

Und in dieser Burg gibt es natürlich auch einen Schatz, einen Schatz, den man alle hundert Jahre einmal heben könnte. Bisher ist dies aber noch niemandem gelungen! Die nächste Sage erzählt euch davon.

St. Benedikt
der fränkische Grundherr

Chorschranke

Der Schatz in der Fröhlichsburg

Am Fuße des Fröhlichsturms, dem Bergfried der Fröhlichsburg, liegt ein großer Schatz begraben, der nur alle hundert Jahre einmal blüht. Schon so mancher hat versucht, den Schatz zu heben, aber bisher ist es keinem gelungen.

Im gegenüberliegenden Hause war früher eine Bäckerei untergebracht. Die Magd des Bäckers musste täglich in aller Früh aufstehen, um den Backofen zu heizen. Eines Tages war sie wieder einmal in aller Herrgottsfrüh mit dem Beheizen des Ofens beschäftigt, hatte aber an diesem Morgen kein Glück damit. Sie konnte noch so trockene Holzspäne darauf geben und aus Leibeskräften blasen, das kaum entfachte Feuer erlosch immer wieder. Da blickte sie missmutig zum Fenster hinaus und sah zu ihrem Erstaunen, am Fuße des gegenüberliegenden Turmes einen glühenden Kohlenhaufen. Der glühte dort wie gewünscht. Schnell griff sie nach einer Kelle und eilte hinüber, einige Kohlen zu holen. Da bemerkte sie erst die Männer, die als Schlosswache das Feuer umstanden. Es waren bärtige, nach Landsknecht Art gekleidete Krieger, die sie ernst und stumm betrachteten und ruhig Kohlen nehmen ließen. Als sie aber mit der gefüllten Kelle ins Bäckerhaus zurückkehren wollte, deutete ihr einer, sie solle auch die übrigen Kohlen in ihrer Schürze forttragen. Die Magd glaubte, die Kohlen würden ihre Schürze verbrennen, dankte deshalb und machte sich, aus Furcht vor den eigenartigen Männern, eiligst davon. Wie staunte sie aber, als sie in der Backstube feststellte, dass die mitgenommenen Kohlen glänzende Goldstücke waren. Hastig lief sie zum Fröhlichsturm zurück, um auch die übrigen Kohlen herzuholen. Der Turm aber stand jetzt einsam und verlassen wie immer im ersten Morgengrauen da.

Laatsch

Unweit von Laatsch fand im Jahre 1499 die Calvenschlacht statt. Diese Schlacht war ein Teil des Schwabenkrieges.

Damals sind die Engadiner in den Vinschgau eingefallen; ein Teil der Truppe ist über das Münstertal herausgezogen, ein anderer Teil der Truppe über die Berge und bei Schleis in die Talsohle gestiegen, sodass die Tiroler umzingelt wurden. Die Schlacht soll nur sechs Stunden gedauert haben; es wurden aber mehr als sechstausend Soldaten getötet. Man erzählt sich, der Rambach, der durch das Münstertal fließt und bei Glurns in die Etsch mündet, sei damals rot geflossen. Viele dieser gefallenen Soldaten von damals sollen am Ortausgang von Laatsch an der St.-Cäsarius-Kirche bestattet sein.

Die Engadiner, die siegreich aus dieser Schlacht hervorgingen, haben dann das ganze Tal gebrandschatzt, das heißt, sie haben große Teile der Vinschger Dörfer angezündet.

Nach der Calvenschlacht verarmte der Vinschgau sehr stark. In manchen Ortschroniken steht, die Mütter gingen mit ihren Kindern auf die Felder, um sich von Pflanzen und Wurzeln zu ernähren, weil sie so großen Hunger gelitten hätten.

Blick ins Münstertal vom Piz Lun aus

Von Laatsch machen wir einen kurzen Abstecher nach Taufers. Hier begegne ich keinen Maulwürfen! Diese frechen Viecher nerven mich wirklich ungemein, die wühlen riesige Gänge und nehmen ganze Wiesen in Beschlag; nicht aber im Münstertal.

Pfarrhaus von Laatsch

St. Leonhard

Aber halt! Ehe ich euch etwas über den Ort Taufers erzähle, geht es noch nach Tartsch! Das kleine Dorf am Fuße des Tartscher Bühels gehört auch zur Gemeinde Mals. Dieser Ort ist ganz einfach vom Bahnhof Mals aus zu erreichen.

Tartsch

Der Tartscher Bühel ist ein alter Kultplatz, auf dem die Menschen bereits zu Ötzis Zeiten gelebt haben. Die Menschen in der Urgeschichte glaubten an viele Götter und baten diese durch Opferhandlungen an bestimmten Orten um ihren Schutz. So ein Ort war mit Sicherheit auch der Tartscher Bühel!

Auf dem Tartscher Bühel stand ehemals wohl eine Wallburg, eine befestigte Anlage, die durch einen oder auch mehrere Wälle die Häuser schützte.

Ob es auf dem Tartscher Bühel einmal eine Stadt gab, wie in der Sage behauptet, wissen wir nicht genau, dass sich auf dem Bühel aber eine Siedlung mit mehreren Häusern befand, ist sicher. Eines dieser Häuser wurde von Archäologen ausgegraben. In diesem Haus fanden sie sehr interessante Gegenstände, die man heute im Vintschger Museum in Schluderns bewundern kann.

Schon vor langer Zeit fand man ein Hirschhorn mit einer rätischen Inschrift. Neben Tonscherben, einfachen Getreidemühlen und bearbeiteten Hirschhörnern fand man auch ein sehr schönes Schwert.

Diese Funde beweisen, dass der Tartscher Bühel in der Jungsteinzeit bereits von Menschen als Siedlungsort ausgewählt wurde.

Außerdem gibt es auf dem Bühel eine Reihe von Schalensteinen. Schalensteine sind Steine mit Vertiefungen, die durch Menschenhand entstanden sind. Vermutlich hat man in diese Vertiefungen Öl oder Fett geschüttet und dann entzündet. Dies machte man wahrscheinlich, um Götter anzurufen und diese gnädig zu stimmen.

Auf dem Tartscher Bühel steht ein Bauwerk, zwar nicht aus der Steinzeit, aber aus der Romanik.

Ausgrabung am Tartscher Bühel

Schalenstein am Tartscher Bühel

Die Sage vom Tartscher Bühel

Der Tartscher Bühel ist wohlbekannt,
im Vinschgau im Tirolerland.
Ein Städtchen war in alter Zeit
allda voll Glanz und Heiterkeit.
Die lieben Leute liebten Glanz und Spiel,
der Herrgott aber galt nicht viel.
Einst kam vom vielen Wandern matt
ein Pilger abends in die Stadt.
„Der Weg ist nass, die Nacht ist kalt,
hab nichts gespeist und bin schon alt.
Oh lasst mich bleiben über Nacht,
bis morgen Früh die Sonn aufwacht!“
„Willst schlafen du? Der Pfad ist weit,
kannst schlafen, wo dich's immer freut;
der Schnee bedecket Straß' und Büh'l
mit weißen Linnen frisch und kühl;
die Sternlein leuchten dir voll Pracht -
so schlaf nur, Alter, gute Nacht!“
Es schwankt der Greis zum Tor hinaus
und kommt zum allerletzten Haus:
„Gott segne, Bäuerin, euch den Tisch,
voll Wein und Kuchen, Fleisch und Fisch;
doch gebt auch mir ein Stücklein Brot,
sonst findet mich der Morgen tot.“
„Das weiche Brot schenkt man nicht her,
zum harten hast kein Zähnlein mehr.
Das weiße Brot ist für mein Kind;
fort, Alter, tummle dich geschwind!“
Der Pilger wankt zum Tor hinaus,
gar nass und finster ist es drauß'.

Den kalten Stein umfasst die Hand,
den schleudert er zur Stadt gewandt:
„Fühllose Stadt, so kalt wie Stein,
sollst ewig wüst und öde sein.
Sollst ohn' Erbarmen untergeh'n,
nie höre Gott dein jammernd Fleh'n!“
Als nun der Stein am Tore prallt,
der Boden öffnet sich alsbald,
es bebt der Grund und Hof und Scheun'
und Haus und Schloss versinken ein.
Der Mann, das Weib, der Greis, das Kind
im tiefen Schutt begraben sind.
Wo stolz die Stadt in alter Zeit
geglänzt, ist's öde weit und breit.
Kein Denkmal gibt den Platz dir kund,
wo Haus an Haus einst fröhlich stund.
Der Tartscher Bühel steht allein
und mahnt: Dein Herz
sei niemals Stein!

Patriz Anzelotti

Auf dem höchsten Punkt von Walburgen befand sich meist das „Heiligtum“: eine Opferstätte für die Götter von damals. Ob dort, wo heute die St.-Veits-Kirche steht, bereits früher ein Heiligtum stand, wissen wir nicht. Diese Kirche wurde im 12. Jahrhundert im romanischen Baustil errichtet. Das erkennt man vor allem am Turm, der Rundbogenfenster hat. Diese Rundbogenfenster sind ganz typisch für die Romanik.

St. Veit ist eine schöne Kirche, die idyllisch auf dem Bühel thront.

Die Apsis (das ist jener Teil der Kirche, den man auch als Altarraum bezeichnet) ist aus romanischer Zeit und verfügt über Fresken, die vermutlich von denselben Künstlern geschaffen wurden, wie jene in der St.-Nikolaus-Kirche in Burgeis.

Da nach der Calvenschlacht die Engadiner die Kirche niedergebrannt hatten, spendete Kaiser Maximilian I. Geld, damit St. Veit wieder errichtet werden konnte. Er ließ seinen Hofbildhauer Ivo Strigl den Altar schnitzen. Da Teile dieses Altares im vergangenen Jahrhundert aber gestohlen wurden, befindet er sich heute nicht mehr in St. Veit. An der Wand zeigen Fresken aus der Zeit des Wiederaufbaus (also um 1500) die Lebensgeschichte des Heiligen Veit, dem Patron dieser Kirche.

St. Veit am Tartscher Bühel

Vom Tartscher Bühel aus hat man einen wunderschönen Ausblick über das Tal und kann die U-Form des Vinschgaus sehr gut erkennen. Je nachdem, wie die Gletscher in der Eiszeit ein Tal geformt haben, sprechen wir von einem V-Tal, wenn die Talsohle ganz schmal ist, oder von einem U-Tal, wenn die Talsohle breit ist.

Der Vinschgau verfügt über eine breite Talsohle mit viel Fläche in der Ebene. Gerade diese Weite, die in vielen anderen Tälern nicht gegeben ist, ist für den Vinschgau etwas Typisches.

Direkt auf dem Bühel befindet sich ein kleiner Spielplatz und eine gemauerte Grillstelle. Der Tartscher Bühel gilt als ideales Ausflugsziel für Schulklassen und Familien gleichermaßen!
Wer ab Mals zu Fuß nach Tartsch kommt (eventuell über den Wanderweg vom Bahnhof weg, ca. 20 Minuten), kann dann über den Mitterwaalweg in einer knapp halbstündigen Wanderung nach Mals zurückkehren. Ausgehend vom Bahnhof ist es also eine angenehme Rundwanderung!

Vom Bühel aus erkennt man auch den Eingang ins Matscher Tal und genau dorthin führe ich euch jetzt.

Matsch

Im Matscher Tal gibt es eine Vielzahl an Wanderungen für Groß und Klein! Eine angenehme Familienwanderung führt vom Dorf weg zu den **Mühlhöfen** und dann weiter zur Hofschenke **„Patzleid“**, einem Buschenschank, in dem auch Kinder sehr willkommen sind.

Von Tartsch aus geht es einer Bergstraße entlang ins Matscher Tal, einem Tal, das schon seit alters her ein Durchzugstal war und im Talschluss mehrere Übergänge für Bergsteiger bereit hält; sei es ins Schnalstal oder auch ins Ötztal. Auch die Weißkugel, jener Gletscher, von dem wir schon im Langtauferer Tal hörten, kann von Matsch aus bestiegen werden.

Das Matscher Tal ist landschaftlich ein sehr reizvolles Tal, hat aber auch eine reichhaltige Geschichte. Es wird von der Saldur durchflossen, die bei Schluderns in die Etsch mündet.

Die Matscher Vögte waren nicht nur die Herrscher über Matsch, sie hatten in ganz Tirol und auch darüber hinaus großen Einfluss. Im Matscher Tal stehen heute noch die Ruinen ihrer beiden Stammburgen – Ober- und Untermatsch. Diese Burgen stammen aus dem 12. Jahrhundert, sind aber heute fast vollständig zerstört. Erhalten geblieben ist lediglich die Schlosskapelle, die dem heiligen Martin geweiht ist.

Im Matscher Tal stehen die Ruinen der Stammburgen der Matscher Vögte, nur die Kapelle ist noch erhalten!

Matsch ist ein typisches Bergdorf, mit starken rätoromanischen Wurzeln, ähnlich wie Planeil.

Die Matscher sind ein arbeitsames Völklein, die bis heute jeden noch so steilen Hang mähen und das Heu in mühevoller Arbeit einbringen.

Die Matscher Vögte verließen ihre Stammsitze, als der Churer Bischof im nahen Dorf Schluderns die Churburg erbaute. Sie nahmen die Churburg einfach sofort nach ihrer Fertigstellung ein und beanspruchten sie für sich. So saßen sie auf einer sehr schönen Burg in der Talsohle und konnten das Matscher Tal trotzdem bewachen, weil sich die Burg direkt am Eingang des Matscher Tales befindet.

Die beiden Ruinen und die Kapelle sind heute im Besitz des Grafen Trapp. Die Grafen Trapp sind die Erben der Matscher

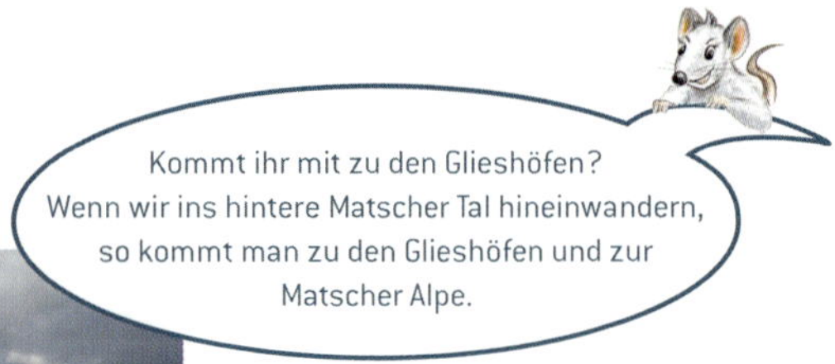

St. Florinus am Ortsende

Vögte und besitzen auch die Churburg in Schluderns, der wir später einen Besuch abstatten werden.

Unterhalb der Ruinen stürzt die Saldur zu Tal. In diesem Bach machte man vor einiger Zeit einen wertvollen Fund: Man fand einen Negauer Helm, dessen Kopie im Vintschger Museum in Schluderns ausgestellt ist. Dieser Helm wurde von der Saldur durch das Tal herausgespült und wurde im Bach hinter der Ortschaft Schluderns zufällig gefunden.

Hier am Talschluss steigen sehr geübte Wanderer zur Oberetteshütte auf und gelangen dann zu einem uralten Übergang, der ins Schnalstal oder auch bis ins Ötztal führt. Dieser Übergang war in alter Zeit sehr wichtig.

Vielleicht haben diesen Weg auch die Eltern vom heiligen Florinus gewählt, als sie von Irland kommend nach Rom pilgerten. Ob die Eltern vom heiligen Florinus wirklich aus Irland stammten? Oder doch nur vom Prättigau aus der Schweiz?

Im Dorf Matsch stehen zwei Kirchen, die beide dem heiligen Florinus geweiht sind. Der heilige Florinus ist in Matsch geboren und wird dort auch heute noch sehr verehrt. Immer noch ist der Name „Florin" im Dorf sehr verbreitet.

Die Legende vom heiligen Florinus

Der heilige Florinus wurde auf dem Valfurhof in Matsch geboren. Seine irischen Eltern waren auf dem Rückweg der Pilgerreise von Rom und ließen sich dann in Matsch nieder. Bereits in jungen Jahren schickten ihn seine Eltern nach Remüs ins Engadin zum Priester Alexander, der sein Lehrer war. Dieser schickte ihn eines Tages zur nahen Burg, um Wein zu holen. Florinus ging hin und erhielt einen Krug besten Weines, sehr zum Missfallen der Burgknechte, die dem Priester den Wein nicht gönnten. Auf dem Heimweg traf Florinus eine arme, alte Frau, die um Almosen für ihren kranken Mann bettelte. Da schüttete er den Wein in das leere Milchgefäß, das die Frau bei sich hatte. Er kehrte ins Schloss zurück, um sich den Krug noch einmal füllen zu lassen. Die Burgknechte, die alles mit angesehen hatten, ließen ihn aber nicht mehr hinein. Betrübt kehrte er mit dem leeren Krug nach Hause, füllte ihn aber an einer sprudelnden Quelle mit Wasser. Als er dann seinem geschätzten Lehrer am Tische seinen Becher füllte, siehe da, da war das Wasser zu Wein verwandelt.

Der heilige Florinus wird deshalb immer mit einem Weinkrug dargestellt. So, nun geht es zuerst zurück nach Tartsch und dann besuchen wir meinen Lieblingsort, die kleinste Stadt der Alpen! Dort hatte man schon immer ein Herz für Mäuse!

RÄTSEL

Was hält der Grundherr in den Händen?

Trage den letzten Buchstaben in das Kästchen ein!

Glurns

Glurns, die kleinste Stadt der Alpen

Die Stadtgemeinde Glurns verfügt nur über eine Fläche von 12,98 Quadratkilometern. Die einzige Ortschaft der Gemeinde ist die kleinste Stadt der Alpen mit zirka 900 Einwohnern.

Glurns ist ein idyllisches mittelalterliches Städtchen, das noch über eine intakte Stadtmauer verfügt. Die Stadtmauer führt um den gesamten alten Ortskern, hat drei Tortürme – das Malser Tor, das Schludernser Tor und das Münsterer Tor – vier Eckrondelle und mehrere Halbrondelle. Rondelle sind runde Türme, die an den vier Ecken und ab und zu auch dazwischen, gewissermaßen einfach als Auflockerung der Stadtmauer errichtet wurden.

Glurns ist zwar das kleinste Städtchen des Alpenraumes, war aber in seiner Geschichte ein wichtiges Städtchen für Tirol. Es lebte vor allem vom Salzhandel. Das Salz wurde von Hall (nahe Innsbruck) nach Glurns gebracht und von dort bis in die Lombardei geliefert.

Das kleine Städtchen verfügte über ein eigenes Maß, das sogenannte Glurnser Maß. Sämtliche Waren, die durch die

Laubengasse

Heute sind die Laubengänge auffallend niedrig. Das hat mit dem Ausbruch des Haider Sees im Jahre 1855 zu tun. Damals wurde das Städtchen auf verheerende Art und Weise überflutet. Die Menschen mussten Keller und Erdgeschosse von Schutt und Schlamm befreien, freilich möglichst schnell, weil dieser Schlamm sonst hart wie Beton geworden wäre. So haben die Glurnser zwar das ganze Material aus den Häusern geschöpft, haben dadurch aber das Straßenniveau erhöht. Deshalb sind heute die Lauben so niedrig.

Glurns war bis 1931 Gerichtssitz. Früher gab es im Obervinschgau zwei Gerichtssitze – einen in Mals und einen in Glurns, weil es verschiedene Grundherren (den Tiroler Grafen und den Churer Bischof) gab. Ab 1500 gab es nur mehr das Gericht in Glurns.

Einmal kam es zu einem etwas eigenartigen Prozess – den meinte ich, als ich sagte, dass man in Glurns schon immer meine Artgenossen schätzte:

Stadt transportiert wurden, mussten in Glurns zwischengelagert werden.

Aus diesem Grund hatte Glurns Ballhäuser, Häuser, in denen man die Warenballen lagerte, ehe sie weiter geliefert wurden. Der wichtigste Teil der Stadt waren die Laubengänge. Dort hatten die Kaufleute, Handwerker und Gastwirte ihre Betriebe.

Stadtplatz

Tauferer Torturm

Der Glurnser Mäuseprozess

Dieser Prozess wurde in den Jahren 1519 und 1520 abgewickelt.
Am Freitag, den 21. Oktober, erschien Simon Fliß aus Stilfs vor dem Glurnser Richter Wilhelm von Haßlingen und kündigte an, seine Gemeinde wolle gegen die Feld- und Luttmäuse, da sie auf den Feldern großen Schaden anrichten, den Rechtsweg beschreiten. Der Richter nahm die Klage als berechtigt an und bestellte als Anwalt und Verteidiger der Mäuse den Glurnser Bürger Hans Grienebner, als Anwalt für die Stilfser Bauern Minig Schwarz. Die erste Sitzung wurde auf den 26. Oktober festgesetzt.
Nun darf man aber nicht glauben, dass das Verfahren erledigt gewesen wäre und die Stilfser den Mäusen den Garaus machen durften! Beileibe nicht!
Das Verfahren zog sich in die Länge. Es gab Zeugenverhöre, Rede und Gegenrede, sodass erst am 2. Mai 1520 unter dem Richter Konrad Spergser und unter Mithilfe von weiteren zehn Rechtssprechern ein Urteil gesprochen wurde.
In den Gerichtsakten werden die Mäuse als unvernünftige Tierlein bezeichnet, die schon seit alters her in Stilfs beheimatet waren. Die Kläger aber gaben zu verstehen, dass sie unter diesen Umständen nicht mehr in der Lage sind, ihre Jahreszinsen zu bezahlen, da diese Tiere so großen Schaden anrichten.
Der Anwalt der Mäuse gab dem Richter zu bedenken, wenn man die Tierlein schon verurteilen muss, sollte man ihnen wenigstens einen Aufenthaltsort zuweisen und kleine Brücken über die Etsch bauen und sie unter freiem Geleit abziehen lassen. Außerdem bitte er, ihnen für die Abwanderung freies und sicheres Geleit von ihren Feinden – Hunde, Katzen oder andere – zu erteilen und denen, die sich im Krankenstand oder in der Schwangerschaft befinden, eine entsprechende Fristverlängerung zu gewähren.
Das Gericht konnte sich dem nicht verschließen und erklärte in aller Form, dass die Mäuse innerhalb von 14 Tagen Stilfs für ewige Zeit verlassen müssten. Die aber, die noch jung oder krank sind, müssten entsprechend später und unter freiem und sicheren Geleit abwandern.

Übrigens, etwas erinnert auch heute noch an den Glurnser Mäuseprozess und schmeckt dazu noch super! In der Bäckerei in der Malser Straße gibt es die Glurnser Mäuse aus Schokolade. Die musst du probieren! Einfach lecker, kann ich nur sagen!

Aber nun geht's weiter! Auf nach Taufers! Wir verlassen die Stadt durch das Münsterer Tor und ziehen weiter nach Taufers im Münstertal. – Du kommst doch sicher mit, oder?

RÄTSEL

Wie viele Ecktürme gibt es in Glurns? Drei, vier oder sechs?

Trage den ersten Buchstaben in das Kästchen ein!

Eine kleine Wanderung, eventuell auch mit einem Kinderwagen, führt hinter der Glurnser Pfarrkirche nach **St. Jakob in Söles.** Der Weg führt durch Wiesen und lässt den Blick über die Landschaft des Tales schweifen. Kreuzwegstationen aus Terracotta säumen den Weg. Nach ungefähr zwanzig Minuten kommt man in Söles an. St. Jakob ist in Privatbesitz und nur im Zuge von Führungen zu besichtigen.

Taufers

Gemeinde Taufers im Münstertal

Die Gemeinde Taufers im Münstertal erstreckt sich auf einer Fläche von 45,93 Quadratkilometern und grenzt unmittelbar an die Schweiz. Zur Gemeinde Taufers zählen neben Taufers selbst auch die Fraktionen Rifair und Puntweil. In der Gemeinde leben etwa 1000 Menschen.

Die Ortschaft Taufers ist ein typisches Straßendorf und stellt heute die letzte Ortschaft vor der Schweizer Grenze dar. Sehr viele Tauferer und auch Obervinschger passieren täglich diese Grenze und arbeiten in der Schweiz. Früher sind sehr viele Personen in die Schweiz gegangen, um dort zu arbeiten, weil im Vinschgau zu wenig Arbeitsplätze vorhanden waren. Heute gehen die meisten wohl deshalb in die Schweiz, weil sie schon sehr lange dort arbeiten und oft auch, weil sie etwas besser verdienen als bei uns.

Durch das Münstertal und somit auch durch Taufers fließt der Rambach, der bei Glurns in die Etsch mündet.

Kommen wir von Laatsch, so sehen wir zuerst die zwei Ruinen Reichenberg und Rotund, zwei ehemals wichtige Burgen des Tales.

Diese beiden Burgen hatten im Mittelalter große Bedeutung, nicht zuletzt weil sie den Weg, der über den Ofenpass und dann ins Engadin und nach Chur führte, bewachten. Die Adeligen, welche auf diesen Burgen lebten, gehörten zu den Verwaltern des Churer Bischofs, dem der größte Teil der Gemeinde Taufers gehörte.

Etwas später erblicken wir dann das Hospiz St. Johann. Es ist dies eine Kirche, zu der früher auch ein Schlafraum gehör-

Hospiz St. Johann

te, in welchem Wanderer und Reisende übernachten konnten. Das war früher sehr wichtig, da es auch hier viel begangene Übergänge gibt. So konnte man über den Ofenpass nach Chur gelangen oder über den Umbrailpass in die Lombardai. Beide Pässe befinden sich auf dem Gebiet der Schweiz.

Dieses Hospiz blickt auf eine sehr lange Geschichte zurück. Dass es schon sehr früh eine Raststätte an einer wichtigen Straße war, beweist auch das Bild des Christophorus, den man an die Außenwand gemalt hat. Es ist dies die älteste Christophorusdarstellung in Tirol. Diesen Heiligen hat man häufig an Kirchenmauern gemalt, welche an einer wichtigen Straße standen. An ihm können wir auch ablesen, dass früher die Straße an der Hinterseite der Kirche vorbeiführte. Die alte Straße führte dem Berghang entlang und dann vor St. Johann in die Talsohle. Daher war die Straße nördlich der Kirche und der Christophorus an der Nordfassade der Kirche. Die Leute glaubten früher, dass dieser Heilige besondere Kräfte besitze. Viele sagten: „An jedem Tag, an dem du eine Christophorusdarstellung siehst, kann dir nichts zustoßen!“ Wurde an die Kirche in deinem Heimatort auch ein heiliger Christophorus gemalt?

Die Kirche St. Johann wurde erstmals schon im 9. Jahrhundert erwähnt. Im Jahre 1130 wurde die Kirche durch eine Mure zerstört, in der ersten Hälfte des 13. Jahrhunderts haben sie Johanniter (dies waren Mönche, die dem Johanniterorden angehören) wieder errichtet.

Auch im Innern besitzt die Kirche wunderschöne Fresken. Es gibt hier eine sehr schöne Christusdarstellung, umgeben von den Aposteln und Moses mit den Gesetzestafeln.

Bevor wir dieses Tal wieder verlassen, muss ich euch unbedingt noch die Geschichte vom heiligen Rochus erzählen. Dieser rettete nämlich die Vinschger – und natürlich auch die Vinschger Mäuse – vor dem Aussterben!

Die Rochuskapelle in Puntweil

Im Weiler Puntweil steht eine kleine Kapelle, die dem heiligen Rochus geweiht ist. Im 17. Jahrhundert wütete die Pest im ganzen Tal auf schreckliche Art. Man erzählt sich, nur ein Viertel der Bevölkerung hätte überlebt. (Die Pest ist eine sehr ansteckende Infektionskrankheit, die sich damals wegen der schlechten hygienischen Bedingungen rasch ausbreiten konnte). Der heilige Rochus ist ein Pestheiliger, er soll also vor der Pest schützen und so machte man eines Tages eine Bittprozession zu dieser Kapelle. Die Menschen beteten in dieser Kapelle und betrachteten die Statue des heiligen Rochus in diesem Kirchlein genau. Plötzlich soll der Heilige genickt haben, und von dieser Stunde an ist im ganzen Vinschgau niemand mehr an der Pest gestorben.

Gleich hinter der Ortschaft Taufers befindet sich die Grenze zur Schweiz! Folgt man dem Gehsteig, gelangt man in etwa einer halben Stunde zum Kloster St. Johann in Münster. Dieses karolingische Kloster (d.h. dass das Kloster aus der Zeit Kaiser Karls des Großen stammt, also um 800 errichtet wurde) zählt zum Unesco-Weltkulturerbe (die Unesco ist eine internationale Vereinigung, nur äußerst bedeutende Baudenkmäler werden zum Unesco Weltkulturerbe gezählt, um ihren besonderen Wert hervorzuheben) und umfasst neben einer mit wunderschönen Fresken geschmückten Kirche auch ein Museum. Für den Grenzübertritt ist allerdings ein Ausweisdokument erforderlich.

RÄTSEL

Welche Landesgrenze befindet sich hinter dem Dorf Taufers?

- die Grenze zu Österreich
- die Grenze zur Schweiz
- die Grenze zur Lombardei

Trage die ersten drei Buchstaben des richtigen Landes in die Kästchen ein!

Gemeinde Schluderns

Auch die Gemeinde Schluderns besteht nur aus einer einzigen Ortschaft. Die Fläche dieser Gemeinde beträgt 20,77 Quadratkilometer, die Einwohnerzahl knapp 2000.

Die Ortschaft Schluderns verfügt noch über viele alte Bauwerke, die in besonderer Weise an vergangene Zeiten erinnern. So steht ein typischer Vinschger Bauernhof gegenüber des Vintschger Museums. Auffallend sind die Verzierungen an der Fassade. Diese Verzierungen sind früher sehr häufig verwendet worden und sind Symbole von Dingen, die für das Leben früher sehr wichtig waren und manchmal auch den Jahreslauf beschrieben haben. So ist die doppelte Welle am Dach ein Symbol für Wasser, der Halbkreis steht für den Lauf der Sonne (in der Nacht ist die Sonne nicht zu sehen, deshalb nur der halbe Kreis) und das in vier Teile geteilte Rechteck steht für die vier Elemente und für die vier Jahreszeiten.

Am Dorfplatz von Schluderns befindet sich das Gemeindehaus, an welchem auch das Wappen des Dorfes abgebildet ist. Schluderns hat früher sehr viel Getreide angebaut; deshalb sind die Getreideähren im Wappen. Auch das Denkmal für die Haflingerpferde ist am Dorfplatz zu sehen. Diese Pferderasse stammt ursprünglich nämlich von Gschneir, einem Schludernser Berghof.

Im Ortszentrum steht die Pfarrkirche, die einen romanischen Turm hat. Im Innern fällt ihr gotisches Gewölbe auf. Der Altar stammt eigentlich aus der Klosterkirche von Marienberg. Zur Zeit der Besetzung Tirols durch die Bayern vor gut 200 Jahren wurde das Kloster Marienberg geschlossen und alles, was sich verkaufen ließ, wurde verkauft. So auch der Altar! Ein Teil des Altares kam in die Pfarrkirche von Schluderns, der andere steht in der Pfarrkirche von Taufers. Habt ihr ihn dort gesehen?

Vintschger Museum

Unweit von der Pfarrkirche ist das Vintschger Museum, in dem es sehr viel zu entdecken gibt. Dort findet man zahlreiche Fundstücke vom nahen Ganglegg, einer rätischen Siedlung aus der Bronzezeit, ausgestellt. Auch einige Funde vom Tartscher Bühel sind zu sehen.

Also hier muss man einkehren! Ganz Schlaue unter euch können dort in der schwarzen Kammer das rätische Alphabet kennen lernen und ihre Namen in dieser Schrift zu schreiben versuchen.

Haflinger Denkmal am Hauptplatz, da das erste Pferd dieser Rasse in Schluderns gezüchtet wurde.

Jetzt aber weiter! Hinauf auf den Burghügel! Die Churburg, die wir nun schon seit geraumer Zeit vor Augen haben, wird erstürmt!

Wenn ihr diese Burg aber tatsächlich erobern könnt, dann seid ihr die Ersten! Diese Burg wurde nämlich nie eingenommen, von den Matscher Vögten einmal abgesehen, die im Jahre 1297 als Besitzer aufscheinen. Die Burg ließ sich der Churer Bischof erbauen, um hier im Tal eine Niederlassung zu haben. Fast unmittelbar nach ihrer Fertigstellung haben die Matscher Vögte die Burg eingenommen und für sich beansprucht. Nun ist sie im Besitz der Grafen Trapp, die, wie ihr ja schon wisst, die Erben der Matscher Vögte sind.

In der Burg gibt es einen wunderschönen Arkadengang aus der Renaissancezeit. In dieser Zeit um 1600 hat man versucht die bekannten Stilrichtungen in einer neuen Form wieder zu verwenden. Das sieht man besonders gut am Arkadengang mit den vielen Rundbögen und dem schönen Gewölbe, in dem der Stammbaum der Matscher abgebildet ist und wo man viele lustige Fabelwesen sehen kann. Schaut euch gut um! Habt ihr den Fuchs und die Gans entdeckt? Und diese kleinen frisch geborenen Hofnarren? Sind sie nicht lustig? Seit ich das erste Mal da war, weiß ich, dass menschliche Narren aus Eiern schlüpfen!

Die Ritterrüstungen, welche sich in der Rüstkammer befinden, müsst ihr sehen! Es ist dies die größte private Sammlung von Rüstungen in ganz Europa! Dass Menschen auch im Mittelalter mitunter groß waren, beweist die Rüstung von Ulrich von Matsch, die über zwei Meter misst!

Es gibt natürlich noch viel mehr zu entdecken! Die kleine Orgel im Jakobszimmer ist eine große Besonderheit! Hier wartet wirklich Spannendes auf euch. In einer Führung durch die Burg könnt ihr es euch von den Burgführern erklären lassen.

Churburg

Rüstkammer in der Churburg

Nicht weit von Schluderns entfernt liegt Spondinig. Dort steht ein schönes Jugendstilhotel (als Jugendstil bezeichnet man den Baustil um 1900), das Kunde gibt von der ersten Phase des Tourismus im Vinschgau, als man noch mit der Postkutsche anreiste und so nach Trafoi und Sulden fuhr. Es gab hier auch eine Pferdewechselstation. Wenn die eigenen Pferde müde waren, konnte man sie in Spondinig in diesem großen Stall neben dem Hotel zurücklassen, andere Pferde leihen und weiterreisen. Manchmal hat man auch zwei Pferde dazugenommen, damit man rascher weiter kam. Von Spondinig geht es auf einer ebenen, geraden Strecke nach Prad.
Schluderns soll einst ein reiches Dorf gewesen sein! Davon erzählt eine Sage:

Unweit vom Vintschger Museum, im sogenannten Park, befindet sich ein schön gepflegter Spielplatz. Auch der Aufstieg zum Ganglegg führt über diesen Spielplatz: Für Kinder im Grundschulalter und darüber hinaus ist ein Besuch des Ganglegg lohnend, da zwei Hütten nachgebaut wurden und besichtigt bzw. betreten werden können. Auf Schautafeln bekommt man viele Erklärungen, sodass sich jeder das prähistorische Leben gut vorstellen kann. Ein Besuch auf der Churburg lässt jedes Kind in das Mittelalter und Rittertum eintauchen!

RÄTSEL

Wie heißt der Bach, der aus dem Matscher Tal kommt und durch Schluderns fließt?

- Puni
- Etsch
- Saldur

Trage den ersten Buchstaben des richtigen Baches in das Kästchen ein!

Das liebgoldene Schluderns

Südöstlich von Glurns, am Ausgang des Matscher Tales, liegt das ansehnliche Dorf Schluderns in der mildesten und fruchtbarsten Obervinschger Gegend, fürwahr ein kleines Paradies. Der Saldurbach, dessen schlammige Wasser dem Dorfe oft Unheil, aber auch Segen brachten, teilt das Dorf in zwei Teile. Der Sage nach wurde das Dorf einst das „liebgoldene Schluderns" genannt. Es besaß Tore mit goldenen Aufsätzen. Der Hauptplatz war mit schwarzem Marmor gepflastert und ein wertvoller Brunnen, kunstvoll aus weißem Marmor gehauen, spendete reichlich Quellwasser. Der an und für sich friedliche Saldurbach verwandelte sich im Laufe der Jahrhunderte unzählige Male in einen alles zerstörenden Wildbach, überschüttete und verwüstete mit Geröll und Schlamm das schöne Dorf und die umliegenden Obstanger und fruchtbaren Felder.

Gemeinde Prad am Stilfser Joch

Die Gemeinde Prad umfasst eine Fläche von 51,36 Quadratkilometern und verfügt über knapp 3500 Einwohner. Zur Gemeinde Prad zählen die Orte Prad und Lichtenberg sowie Agums.

Schon von Weitem sieht man die St.-Johann-Kirche, jene Kirche, die den Herren von Tschengelsburg als Grablege diente. In der Kirche ist heute noch ein Wappenrelief zu sehen, das von der Teilnahme eines Tschengelser an der Schlacht bei Frastanz in Vorarlberg im Jahre 1380 erzählt. Einige Vinschger Ritter mussten für den Tiroler Grafen Kriegsdienst leisten.Auch die Herren von Tschengels erfüllten ihre Pflicht. Berchtold von Tschengels kam von der Frastanzer Schlacht leider nur mehr tot heim und wurde in St. Johann begraben.

Auch diese Kirche birgt, wie so viele im Oberen Vinschgau, romanische Fresken, deren Qualität erstaunlich ist. Aber auch Karl Plattner, ein berühmter Künstler aus dem 20. Jahrhundert, hat in St. Johann Fresken hinterlassen. Es ist hier etwas gelungen, was gar nicht so einfach ist: Sehr alte und sehr junge Fresken stellen in dieser Kirche eine harmonische Einheit dar.

St. Johann in Prad

Prad ist eigentlich ein typisches Durchzugsdorf, das vom Suldenbach durchflossen wird, der den Pradern schon öfters das Fürchten lehrte. Dieser kleine Bach hat bei Unwettern nämlich schon oft den Ort vermurt. In jüngster Zeit ist es aber gelungen, den Bach zu zähmen. Aber ganz sicher kann man nie sein. Bei Unwettern geht vom Suldner Bach immer noch eine bestimmte Gefahr aus.

Weil Prad ein Durchzugsort war, hatte es keinen richtigen Dorfkern. Sogar die Pfarrkirche befand sich nicht im Dorf!

Die ursprüngliche Pfarrkirche von Prad war die St.-Georgs-Kirche in Agums (Agums ist der östliche Ortsteil von Prad), deren schöner gotischer Pfarrturm weitum zu sehen ist. Um 1950 hat man dann aber im Ortszentrum eine moderne Kirche erbaut, die den Pradern den Weg nach Agums ersparte. Allerdings gehen noch sehr viele Menschen mit ihren Anliegen und Sorgen zum großen Herrgott von Agums. Dieser Herrgott wurde von einem Hirten geschnitzt und wird von den Menschen in besonderer Weise verehrt.

In Prad bietet sich ein Besuch im Aquaprad an. Das Aquaprad ist ein Haus, in welchem der Stilfser-Joch-Nationalpark vorgestellt wird; im Speziellen geht man auf das Wasser im Nationalpark ein. Mehrere Aquarien geben Einblick in die Fischfauna unseres Tales.
Ausgehend von St. Georg in Agums kann man über den Gumperleweg eine etwa einstündige Rundwanderung unternehmen. Entlang des Weges sind zwölf Stationen errichtet, die über die Tierwelt des Nationalparkes berichten. Im Aquaprad gibt es dazu Informationsmaterial und ein Rätselheft zu den zwölf Stationen.

Aquaprad

Lichtenberg

Unweit von Agums liegt die kleine Ortschaft Lichtenberg. Die Herren von Lichtenberg waren im späten Mittelalter wohlhabend und wichtig für den Vinschgau. Die Burg ist übrigens die größte Burg im Vinschgau.

Sie gehörte ursprünglich Graf Meinhard von Tirol, der im 13. Jahrhundert lebte und auch als Schöpfer Tirols bezeichnet wird, weil er der eigentliche Gründer der Grafschaft Tirol war. Er hat die Burg Lichtenberg seiner Frau Elisabeth als Morgengabe (das ist ein Geschenk am Tag nach der Hochzeit) geschenkt.

Man erzählt sich, dass 1799 einige Franzosen, die man gefangen genommen hatte, im Rondell des Schlosses Lichtenberg eingesperrt wurden. 1799 sind die Franzosen über den Umbrailpass und über das Stilfser Joch in den Vinschgau eingedrungen und haben sehr viele Dörfer angezündet. Einige wenige wurden verhaftet. Diese haben dann Löcher in die Mauer gegraben, um zu flüchten: So soll der Zerfall dieses schönen Schlosses seinen Anfang genommen haben.

Übrigens führte der alte Stilfser Weg hier an dieser Burg vorbei. Als es noch keine Straßen gab und man nur zu Fuß über das Stilfser Joch ging, suchten die Menschen Abkürzungen über Berghänge. In Lichtenberg stiegen sie hinter der Burg auf und wanderten dann am Berghang entlang nach Stilfs. Manchmal verloren sie etwas dabei. Deshalb hat man auch unweit vom Schloss Lichtenberg die Figur eines Etruskers gefunden, die im kunsthistorischen Museum in Wien ausgestellt ist. Die Etrusker kamen aus Italien, manchmal gemeinsam mit den Römern. Daher ist diese kleine Figur etwas ganz Besonderes!

Der Frevler auf der Prader Alm

Früher war die Weide auf der Prader Alm besonders ertragreich. Die Kühe gediehen prächtig und gaben so viel Milch, dass die Almboten sich recht übermütig gebärdeten und mit der Gottesgabe allerhand Unfug trieben. Aus Käselaiben formten sie einmal ein Männlein, stellten es auf den wackeligen Küchentisch und bewarfen es mit Butterknollen und überschütteten es mit Milch. Plötzlich wurde das Käsemännchen lebendig und schlug voller Zorn auf die Frevler ein. Auch heutzutage ist es auf dieser Alm nicht ganz geheuer. So kann man in manchen Nächten noch oft unheimliches Gelächter und Gekreische hören.

Früher lebten in Prad recht viele Bauern. Die Prader Alm war daher wichtig, aber nicht immer ist es dort auch mit rechten Dingen zugegangen. Davon weiß die Sage auf dieser Seite zu erzählen.

RÄTSEL

Welchem Heiligen ist die romanische Kirche von Prad geweiht?

- St. Peter
- St. Johann
- St. Martin

Trage den letzten Buchstaben in das Kästchen ein!

Gemeinde Stilfs

Die Gemeinde Stilfs umfasst 140,92 Quadratkilometer und hat ungefähr 1300 Einwohner. Zur Gemeinde gehören die Ortschaften Stilfs, Sulden, Trafoi und Gomagoi.

Das Sulden-Trafoital ist ein besonderes Tal. Dort nahm der Vinschger Tourismus seinen Ursprung: Theodor Christomannos machte sich bereits dafür stark, das Tal touristisch zu nutzen, als deine Urgroßeltern noch Kinder waren. Deshalb gibt es heute noch in Trafoi Jugendstilhotels zu sehen. Schon um 1900 sind Bergsteiger hierher gekommen und deshalb wurden dann die ersten Hotels erbaut. Das Gebiet um den Ortler war für viele Bergsteiger interessant. Der Ortler ist die höchste Erhebung der Ortlergruppe, aber auch der höchste Berg Südtirols. Und wie es bei hohen Bergen so ist, denkt man in besonderer Ehrfurcht an den Erstbesteiger.

Das war das Psairer Josele, ein Jäger, der auf der Churburg arbeitete und von Trafoi aus den Ortler bestieg. Auch heute noch kommen viele Menschen hierher und besteigen mit einem Bergführer den Ortler! Aber das ist nichts für uns! Da geh ich schon lieber ins naturatrafoi-Haus! Dort erfahren wir alles Wissenswerte über König Ortler und wie Tiere und Pflanzen in dieser Gegend, wo der Winter die längste Jahreszeit ist, überleben.

Trafoi

Ortler

Pfarrkirche von Trafoi

Das gesamte Tal gehört zum Stilfser-Joch-Nationalpark; es erklärt sich von selbst, dass hier alle Tierarten einen besonderen Schutz genießen.

Im naturatrafoi-Haus kann man über diesen besonderen Lebensraum so allerhand erkunden. Hier wird zum Beispiel ganz genau erzählt, welche Pflanzen es schaffen, auch in großen Höhen, wo die meiste Zeit des Jahres Winter herrscht, zu überleben. Also ein Besuch dort lohnt sich allemal!

Wilde Leute als Dienstboten

In alter Zeit dienten auf den abgelegenen Höfen des Trafoitales nicht selten wilde Leute. Was sie unternahmen, gelang ihnen stets, weshalb die Bauern mit solchen Dienstboten recht zufrieden waren. Sobald man aber deren Namen entdeckte, verließen sie das Haus. Beim alten Fierer in Trafoi war einst auch eine solche Magd beschäftigt. Eines Tages holte der Bauer aus Stilfs ein Joch (das ist ein Gerät, welches über den Hals von zwei Ochsen oder Kühen gelegt wird, um sie vor einen Wagen zu spannen) und befand sich damit auf dem Heimweg. Als er zur Totenrast bei der Fichte kam, da hörte er in der Nähe eine Stimme rufen: „He du Jochträger, sag dem Fliegenstitz, die Neurinde ist gestorben.“ Beim Abendessen erzählte der Mann von seinem Erlebnis bei der Fichte. Da stand die Magd schnell auf, verließ weinend die Stube und wurde nicht mehr gesehen.

Sulden

Biegt man in Trafoi links ab, so geht es nach Sulden.

Sulden ist auch heute noch die Hochburg des Wintersports im Tale. Der Ort ist weit über die Grenzen unseres Landes hinweg als schneesicherer Wintersportort und im Sommer als Ausgangspunkt für schöne Bergtouren bekannt.

In Sulden, das geprägt ist von den zahlreichen Hotels, halten sich mitunter auch sehr prominente Gäste auf.

Nicht umsonst gibt es dort Aufstiegsanlagen und auch sehr viele Bergführer. Der Ortler, der es gerade nicht auf 4000 Meter schafft, er misst 3905 Meter, wird heute öfter von Sulden aus und nicht mehr so oft von Trafoi aus bestiegen.

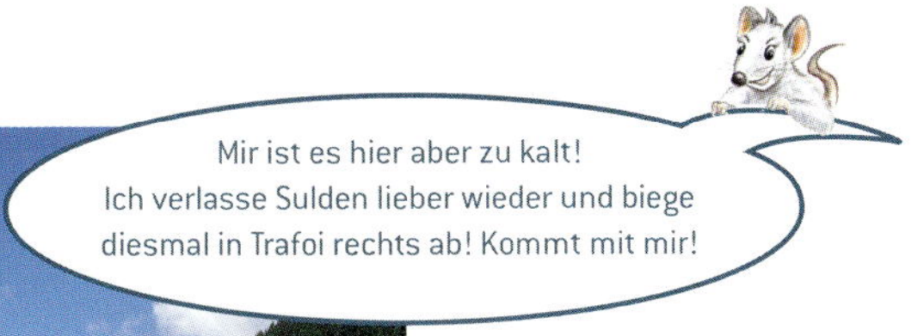

Sulden

Stilfs

Wir begeben uns nach Stilfs, einem Ort mit sehr originellen, ursprünglichen Bräuchen, die sich bis in unsere Zeit herauf erhalten haben. Es sind dies zum einen das „Klosen“ zu Nikolaus, zum anderen aber auch Bräuche in der Faschingszeit!

Beim Klosen ist das ganze Dorf auf den Beinen. Jeder hat seine Rolle zu erfüllen, die ihm mittels Los zugeteilt wurde. Der Nikolaus wird von Engeln, Krampussen und Zwickeseln begleitet. Der Zug bewegt sich zum Kirchplatz, wo zum Abschluss noch gebetet wird, ehe der Nikolaus dann von Haus zu Haus zieht, um die artigen Kinder zu beschenken.

Stilfs hat dem bekannten Stilfser Joch den Namen gegeben. Das Stilfser Joch ist ein uralter Alpenübergang, den die Menschen seit jeher nutzten. Über dieses Joch

Stilfs

Stilfser Joch

Also, ich muss schon sagen, ich kann das nicht verstehen! Im Sommer liege ich viel lieber im Sonnenstuhl und genieße die Wärme! Zu kalt habe ich im Winter lange genug!

brachte man früher das Salz aus Hall in die Lombardei. Erinnerst du dich noch an Glurns? Dort war ja die Zwischenstation für dieses Salz! Heute gibt es kaum mehr Warentransporte über diesen Übergang. Auf dem Stilfser Joch kann man im Sommer Ski fahren und das ist natürlich etwas Besonderes, das von einigen begeisterten Skifahrern genützt wird. Insbesondere die Profiskifahrer trainieren im Sommer auf dem Joch, um dann im Winter so richtig fit zu sein!

RÄTSEL

Wie heißt der höchste Berg Südtirols?

- Monte Rodes
- Piz Lat
- Ortler

Trage den dritten Buchstaben in das Kästchen ein!

Neben einem Besuch im naturatrafoi, bietet sich auch eine kleine Wanderung zu den **Heiligen Drei Brunnen** an, eine Wanderung, die auch für den Kinderwagen geeignet und in einer Stunde zu bewältigen ist. Neben der barocken Wallfahrtskirche gibt es dort mehrere Grillstellen.

Laas

Gemeinde Laas

Die Gemeinde Laas verfügt über eine Fläche von 110,11 Quadratkilometern und umfasst die Orte Laas, Eyrs, Tschengls, Tannas und Allitz. Auf diesem Gemeindegebiet leben etwa 4000 Menschen.

Von Prad nach Tschengls führt ein angenehmer Spazierweg. Wir kommen zuerst an der St.-Ottilia-Kirche vorbei, ehe wir dann auf einem etwas abfallenden Weg in das interessante Dörfchen kommen. Zur St.-Ottilia-Kirche pilgerten früher all jene, die ein Augenleiden hatten, denn die heilige Ottilia ist die Patronin der Augenleidenden.

Im Ort selbst gibt es eine gotische Pfarrkirche; übrigens die einzige Kirche im Tal, die 1499, also im Jahr der Calvenschlacht, eingeweiht wurde.

Später, in barocker Zeit, wurde eine Marienkapelle angebaut, dessen Baumeister Gregor Schwenzengast war. Die kleine Kapelle ist ein recht gelungener Zubau und führt uns die stilistischen Merkmale des Barock gekonnt vor Augen. Im Barock (17./18. Jahrhundert) hat man großen Wert auf Verzierungen in Gips gelegt, die oft auch mit Gold übermalen wurden. Die Tonnengewölbe (runde Gewölbe ohne Grate) wurden mit verschiedenen Stuckverzierungen ausgeschmückt. Für die Malereien hat man oft Medaillons (also runde Flächen) frei gehalten.

Tschengls

Die Tschengelsburg, die ihr sicherlich bereits bemerkt habt, beherbergte 1809/10 einen besonderen Gast. 1809 fanden die Tiroler Freiheitskämpfe statt. Unter Andreas Hofer kämpften viele Tiroler am Bergisel für die Eigenständigkeit des Landes Tirol. Pater Haspinger war bei allen Schlachten dabei und ein enger Berater von Andreas Hofer. Als die Tiroler die letzte Schlacht im November 1809 aber verloren, mussten sich viele Berater Hofers verstecken. Andreas Hofer selbst wurde verhaftet und in Mantua erschossen. Damals versteckte sich auf dieser Burg Pfarrer Haspinger, weil er mit der damaligen Besitzerfamilie Perlinger befreundet war.

Am Berg oben steht die Burg Tschengelsberg, die durch ihren Rundturm auffällt. Beide Burgen waren ursprünglich im Besitze der Herren von Tschengels, die weit über das schmucke Dörfchen hinaus ihren Einfluss spielen ließen. Die Herren von Tschengels hielten im Raum Prad-Laas die Macht in ihren Händen.

Marienkapelle in Tschengels

Die Jahreszahl der Einweihung der Pfarrkirche. Die halbe ACHT bedeutet VIER!

Die Muttergottes von Tschengls

Die Pfarrkirche birgt eine gotische Muttergottesstatue, zu der es eine besondere Geschichte gibt: Nach der Reformation hat man diese Statue im Jahre 1580 in Santa Maria (Santa Maria befindet sich im Münstertal auf Schweizer Seite, zwei Ortschaften hinter Taufers) in den Rambach geworfen. Bald darauf bemerkten Hirten in der Nähe der Etsch bei Tschengls zur Nachtzeit einen wundersamen Glanz. Da sie das Licht immer wieder sahen, gingen sie darauf zu und fanden das Marienbild in den Etschsümpfen liegend. Man stellte es anfangs in eine Kapelle, später dann aber in die Pfarrkirche auf den Hochaltar. Dieses Muttergottesbild wurde im Laufe der Jahre von vielen Wallfahrern besucht und verehrt.

Eyrs

Von Tschengls, dem Dörfchen, das sich an der rechten Talseite an den Berghang schmiegt, geht es weiter nach Eyrs. In Eyrs steht die Moosburg, oder besser gesagt: die Reste der einstigen Moosburg. Der alte Turm mit dem Fresko (siehe Bild) ist aber noch gut zu erkennen.

An der Außenfassade der Moosburg befindet sich das Tiroler Wappen, verbunden mit dem Reichsadler und dem Goldenen Flies. Der Reichsadler wurde immer schwarz dargestellt, mit dem Goldenen Flies meint man die Goldkette um den Reichsadler. Es ist dies die älteste Darstellung dieser Art in Tirol und sie stammt aus dem Jahre 1494, also aus der Zeit, in welcher Kaiser Maximilian I. regierte.

Moosburg

Ein schöner Sonntagsausflug könnte auch eine **Radtour** sein. Am Bahnhof von Spondinig kann man Fahrräder ausleihen. Die Radler fahren nach Prad oder auch nur nach Tschengls (im gesamten Vinschgau haben wir schöne, gut ausgeschilderte Radwege), von dort kann man sich auf ein Neues entscheiden, ob die Fahrt nach Eyrs oder nach Laas weitergehen soll! Der Etsch entlang führt der Radweg von Laas nach Göflan und dann nach Schlanders. Man kann die Radtour aber jederzeit unterbrechen und mit dem Zug weiterreisen.

Tannas

Auf einer Trogschulter über Eyrs thront das kleine Dorf Tannas. Das ehemals rätoromanische Haufendorf wurde des Öfteren umgestaltet, sodass der Ort heute längst seinen rätoromanischen Charakter verloren hat.

Vor sehr, sehr langer Zeit (2200 bis 1400 vor Chr.), in der Bronze- und Kupferzeit, war Tannas recht bedeutend, gab es doch dort, wo heute die St.-Peter-Kirche steht, kleinere Bergwerke, in denen Eisen abgebaut wurde.

Heute ist Tannas ein kleines Bergbauerndorf, in dem nur mehr an die 200 Seelen leben.

Der sonnige Ort hatte und hat oft unter Wasserknappheit zu leiden. Der Vinschgau ist das niederschlagsärmste Tal Tirols. Deshalb müssen die Bauern ihre Felder bewässern. Am Sonnenberg ist das Wasser aber oft noch knapper als im Tal. So manch einer soll sich schon als Wasserdieb betätigt haben, wie die folgende Sage berichtet:

Der Wasserdieb

Ein Tannaser Bauer besaß mehrere Pfaschwiesen, welche besonders häufig an Trockenheit zu leiden hatten. Um Zugang zum Wasserwosser (Wasserwosser ist das Wasser, das zum Bewässern der Felder diente) zu erhalten, hat er des Öfteren jene Knechte erschreckt, die des Nachts dort die Wiesen bewässerten. Jedes Mal, wenn sie davonliefen, konnte er das ganze Wasser für seine Wiesen nutzen. Die alten Tannaser erzählten, dass dieser Bauer nach seinem Tode oft in der Nacht an den Wiesenwaalen gesehen wurde – und zwar sitzend auf den Wasserbrettern. Er musste wohl für seine Taten büßen!

Wandert man am östlichen Ortsausgang dem Besinnungsweg entlang, kommt man zu St. Peter, einer kleinen barocken Kirche, von welcher aus man einen schönen Rundblick auf das Tal hat.

St. Peter bei Tannas

Pfarrkirche von Tannas

Laas

Romanische Apsis

Unten im Tal erkennen wir den Marmorort Laas, jenes Dorf, das als einziges im Tal Gehsteige aus Marmor hat. Laas ist bekannt für sein Marmorbergwerk, das schon seit vielen Jahrhunderten den weißen Stein hergibt. Marmor ist ein besonderer Stein, der für die Herstellung von Kunstwerken, aber auch für Böden und Wandfliesen sehr gefragt ist. Im Innern des Berges werden große, weiße Steinblöcke herausgeschnitten und dann mit der Schrägbahn ins Tal gebracht. Dort werden sie dann weiterverarbeitet. Deshalb prägen riesige, weiße Steinblöcke das Ortsbild.

Der Laaser Marmor ist ein sehr witterungsbeständiger Stein und wird weltweit für Denkmäler berühmter Persönlichkeiten, aber auch für besondere Gebäude in Anspruch genommen. So finden wir Laaser Marmor auch in Wien, der Hauptstadt Österreichs.

In Laas gibt es zudem eine besondere Schule: eine Steinmetzschule. Dort lernt man mit Hammer und Meißel Stein, hier vor allem Marmor, zu verarbeiten.

Im Ort muss man sich die wunderschöne Apsis der Laaser Pfarrkirche anschauen; sie wurde natürlich in Laaser Marmor gefertigt. Hier sehen wir romanische Baukunst in sehr hoher Qualität.

Auch die kleine Sisiniuskirche am Ortseingang hat eine besondere Ausstrahlungskraft. Das romanische Kirchlein thront auf einem kleinen Hügel zwischen zwei Straßen, die es zur Zeit, als die Kirche erbaut wurde, natürlich noch nicht gab. Das Chorturmkirchlein (der Chorraum liegt im Untergeschoss des Turms) wirkt heute fast wie eine Verkehrsinsel!

Misslungener Hexenritt

Eine mutige Laaser Bäuerin wollte einst an den Hexentänzen teilnehmen. Sie beschaffte sich deshalb eine Hexensalbe, beschmierte damit einen Besen und fuhr am Donnerstagabend, nach dem Ave-Maria-Läuten, keck durch den Kamin ihrer Küche hinaus. Die waghalsige Fahrt ging immer höher und schneller, bis sie über eine Kapelle hinweg fuhr. Da verlor der Besen seine Zauberkraft, und die Bäuerin fiel hart auf die darunter liegende Wiese, sodass sie sich alle Rippen brach.

Aber auch Hexen soll es in Laas einst gegeben haben! Traut ihr euch, diese Sage zu lesen?

Außerhalb des Ortes, auf dem Weg nach Kortsch, steht eine Wallfahrtskirche: die Kirche Maria Lourdes. Sie ist zwar für Vinschger Verhältnisse eine junge Kirche, da sie um 1885 erbaut wurde, ist aber immer wieder Grund für viele Autofahrer eine kurze Rast zu machen und einzukehren. Lourdes ist ein bekannter Wallfahrtsort in Frankreich. In einer Grotte ist dort einem Mädchen die Muttergottes erschienen. In Laas hat man die Lourdesgrotte nachgebaut. Wohl deshalb wird sie immer wieder von gläubigen Menschen besucht.

Laaser Marmor

RÄTSEL

Im Vinschgau gibt es natürlich sehr viele Steine. Wie heißt noch mal dieser kostbare weiße Stein aus Laas?

- Granit
- Marmor
- Vinschger Schiefer

Trage den fünften Buchstaben der richtigen Antwort in das Kästchen ein!

Gemeinde Schlanders

Die Marktgemeinde Schlanders erstreckt sich über eine Fläche von 115,20 Quadratkilometern, auf der ungefähr 6000 Menschen leben. Zu Schlanders gehören neben dem Hauptort auch die Fraktionen Kortsch, Göflan, Vetzan, Nördersberg und Sonnenberg. Schlanders ist der Hauptort des Vinschgaus.

Kortsch war schon in der Urzeit und auch in der Römerzeit bedeutend, da es über einen wichtigen Übergang ins Inntal (Österreich) verfügte. Von Kortsch stiegen die Menschen, vorbei an dem malerischen St.-Ägidius-Kirchlein, zu St. Georg hinauf, das auf einem prähistorischen Platz errichtet wurde.

Begibt man sich weiter hinauf, so kommt man ins Schlandrauntal und von dort geht es dann weiter über die Berge. Es ist dies einer der kürzesten Übergänge ins Inntal, welchen man auf dem Rücken eines Pferdes zurücklegen konnte. Übrigens gestattet dieser Übergang auch einen Abstecher ins Schnalstal, brachte man ursprünglich doch über diese Route die Verstorbenen des Schnalstales nach Göflan, um sie dort zu bestatten. Aber davon erzähle ich euch noch später!

Archäologen fanden bei einer Grabung auf St. Georg einen Daumenring. Ein Daumenring war früher immer ein Herrschersymbol. Nur jemand, der eine gehobene Stellung innehatte, durfte einen Daumenring tragen.

Kortsch

Mehrere Höfe in Kortsch waren im Besitz verschiedener Klöster, da in Kortsch Wein wuchs und Klöster ihren Messwein meist selbst herstellten. So hatte sogar der Bischof von Freising Besitzungen in Kortsch. Das ist wohl mit ein Grund, warum es in diesem kleinen Ort so viele Höfe gibt, deren Architektur auffallend schön ist. Freising liegt in Bayern, also sehr weit von hier entfernt. Die Besitzer der Höfe legten Wert auf einen großen, schön ausgestatteten Hof und brachten verschiedene Bauelemente mit, die wir sonst auf Burgen, aber nicht so sehr bei Bauernhöfen antreffen. Es sind dies zum Beispiel die Loggia, eine Art Balkon, der mit einem Gewölbe überdeckt ist.

Ein Spaziergang durch Kortsch ist auf jeden Fall lohnend. Die Pfarrkirche wurde im vergangenen Jahrhundert erweitert und stellt eine gelungene Verbindung zwischen Moderne und Gotik dar. Die Wurzeln der Kirche reichen allerdings in die karolingische Zeit zurück.

Im Tabernakel der Pfarrkirche befinden sich bearbeitete Marmorsteine, die über 1200 Jahre alt sind.

Heute gilt Kortsch als Hochburg für den Apfelanbau im Tal. Auf dem großen Schuttkegel, der von der „Gadriamure“ angeschwemmt wurde, gibt es auf einer großen Fläche unzählige Apfelbäume, die über die Obstgenossenschaften in die ganze Welt verkauft werden.

Die Entstehung dieses Schuttkegels, die war spannend! Dazu muss ich euch eine Geschichte erzählen!

Der Anstieg zu St. Ägidius ist zwar etwas steil, aber auf alle Fälle lohnend. Von der Markierung in der Nähe des Gasthauses Sonne führt der Wanderweg vorbei an wuchtigen Kastanienbäumen zur interessanten Kirche. Der Ausblick über den Mittelvinschgau ist überwältigend!

Der Ausbruch des Gadriasees

Gadria heißt der Wildbach, der westlich von Schlanders einen riesigen Schuttkegel angeschwemmt hat. Dies muss geschehen sein, als das Tal schon längst bewohnt war; die Überlieferung weiß nämlich von einem furchtbaren Ereignis zu berichten und behauptet, dass man früher von Laas nach Schlanders sehen konnte. Hier ist also vor Zeiten eine ungeheure Mure niedergegangen. Der Gadriaschuttkegel bedeckt eine untergegangene Stadt, deren Bewohner ein lasterhaftes Leben führten und allen Bekehrungsversuchen spotteten, die der fromme Priester vom nahen St.-Georgs-Kirchlein unternahm. St. Georg ließ daraufhin zur Warnung der gottlosen Städter eine Mure aus dem Gadriatal losbrechen, aber kein Unheil und keine Warnung besserten die Städter. Da sandte der Heilige seinen Drachen aus, der in einer großen Höhle oberhalb des Gadriasees sein Lager aufschlug und von dort aus die Herden der Städter überfiel. Doch auch die Drachenplage vermochte den Sinn der Städter nicht zu verändern. Die Städter ersannen vielmehr eine List, um dem Untier den Garaus zu machen. Sie füllten die Haut eines Kalbes mit ungelöschtem Kalk und ließen den Köder über die Felsen an Stricken zur Drachenhöhle hinabgleiten. Sogleich schoss der Drache aus seinem Versteck hervor, verschlang heißhungrig das vermeintliche Kalb und sprang dann in den nahen See, um seinen Durst zu löschen. Kaum kam das Wasser mit dem Kalk in Berührung, so wurde das Tier von dem inneren Brand verzehrt und zerschlug in seinen Todesqualen mit dem mächtigen Schwanz den Damm. So kam der Bergsee zum Ausbruch, die wild tobenden Wassermassen überspülten nun die ganze Stadt und begruben sie samt ihren Bewohnern unter einem großen Geröll- und Schlammhügel. Die ungeheure Mure drang bis zur gegenüberliegenden Talseite vor. Dadurch wurde auch die Etsch in ihrem Lauf gehemmt und es entstand in der Gegend von Laas ein großer Stausee. Die Wasser der Etsch fanden später bei den sogenannten Fuchslöchern ihren neuen Abfluss. Den Drachen schwemmten die Fluten Etsch abwärts bis in die Gegend zwischen Terlan und Bozen, wo er in seinen letzten Todeszuckungen noch sieben Eichen mit dem Schwanze zersplitterte. Davon soll die Ortschaft Siebeneich ihren jetzigen Namen haben.

Schlanders

Von Kortsch aus erkennen wir am linken Berghang die Schlandersburg, in der ursprünglich die Herren von Schlandersberg wohnten. Diese Familie hatte großen Einfluss im Tal und saß in Schlanders auch zu Gericht. Im Zentrum von Schlanders erbaute sie sich die Schlandersburg mit einem wunderschönen Arkadengang.

Übrigens gibt es in Schlanders auch heute noch das Bezirksgericht Schlanders.

Die Pfarrkirche verfügt über den höchsten Turm des Tales, der in seiner gotischen Form den Ort prägt. Im Inneren birgt sie barocke Fresken von Adam Mölk, aus dem Jahr 1759 deren Blau fast an Troger erinnert. Paul Troger lebte von 1698 bis 1762 und stammte aus Welsberg. Er gilt als einer der wichtigsten Maler seiner Zeit im gesamten Alpenraum und darüber hinaus. Gerne verwendete er immer wieder einen bestimmten Blauton, den man deshalb auch Trogerblau nennt. Im Barock hat man die Fresken besonders lebendig gestaltet und rund um die Fresken mit Stuck Verzierungen angebracht.

Außerdem gibt es in Schlanders mehrere stattliche Bürgerhäuser,

Schlanders

Der erlöste Marchegger

Ein Bauer hatte in Schlanders vor langer Zeit einen Markstein (Grenzstein einer Wiese oder eines Ackers) versetzt. Zur Strafe dafür musste er nach seinem Tod nachts umhergeistern. Er trug einen glühenden Stein auf der Achsel und ächzte immerfort: „O schwer, o schwer!“ Einmal hörte ein Betrunkener, der spät am Abend des Weges kam, das Geheul und rief keck dem jammernden Geist zu: „Stell nieder und geh ohne Stein!“ „Wohin soll ich ihn stellen?“, fragte nun der aufhorchende Geist. Der lustige Nachtvogel antwortete darauf schlagfertig: „Wo du ihn aufgeklaubt hast!“ Da befolgte der Geist den Rat und verschwand auf Nimmerwiedersehen. Der Markstein stand seitdem wieder an seinem rechtmäßigen Platz.

unter anderen den Ansitz Plawenn, der ursprünglich im Besitze der Grafen von Plawenn war und heute dem Ort als Rathaus dient. Der Ort selbst hat fast schon Kleinstadtcharakter und bietet mit seiner Fußgängerzone Raum zum Flanieren und Spazieren.

Auch über zahlreiche schmucke Bauernhöfe verfügt der Ort, deren Bauweise sich im Laufe der Jahrhunderte entwickelt hat.

RÄTSEL

Was steht in Schlanders?
- der höchste Kirchturm des Vinschgaus (L)
- die größte Burg des Vinschgaus (M)
- das größte Museum des Vinschgaus (N)

Trage den Buchstaben, der neben der richtigen Antwort in Klammer gesetzt ist, in das Kästchen ein!

Ein kleiner, nicht anspruchsvoller Spaziergang führt der **Schlanderser Promenade** entlang und bietet einen schönen Rundblick über den Ort.
Schlanders verfügt über ein schönes **Freibad,** das sich in den Sommermonaten großer Beliebtheit erfreut!
Eine Besonderheit in Schlanders ist der Besuch im **Avimundus.** Dort kann man allerlei Spannendes über unsere Vogelwelt erfahren und eine Reihe von ausgestopften Vögeln betrachten.

Vetzan

Auf einem uralten Siedlungsboden befindet sich eine Fraktion von Schlanders, der kleine Ort Vetzan. Vetzan gilt als alter Weinbauort, auch wenn Nachbardörfer über den Wein aus Vetzan immer wieder lästern. So hört man in den Nachbarorten doch des Öfteren, dass man in Vetzan zuerst lachen und dann Wein trinken müsse, denn nach dem Weingenuss könne man aufgrund des sauren Weines nicht mehr lachen!

Vetzan

Göflan

Und nun zeige ich euch Göflan! Manche Geschichtslehrer meinen, alle Orte, deren Namen mit -an enden, haben etwas mit den Römern zu tun. Ob das bei Göflan auch so ist?

Dieser Ort besitzt zwei schöne Kirchen: St. Martin, die Pfarrkirche, und die Walpurgiskirche. Beide Kirchen sind äußerst interessant. Während St. Martin drei gotische Altäre besitzt, stellt St. Walpurgis eines der schönsten spätgotischen Baudenkmäler im Tale dar.

Göflan

Eine alte Kirche

Nach der Überlieferung soll ursprünglich in Göflan die Pfarrkirche für die ganze Umgebung gestanden haben, die dann durch einen Bergsturz verschüttet wurde. Sogar die ersten Kurzraser Christen (Kurzras befindet sich im Talschluss des Schnalstales) waren kirchlich der Pfarre Göflan unterstellt. Die ersten Christen im Tal hatten wohl große Schwierigkeiten mit dem Besuch von Gottesdiensten und erst recht mit der Bestattung der Toten. Die Verstorbenen mussten nämlich zur Beerdigung den achtstündigen Weg über das Taschljöchl durch das Schlandrauntal nach Göflan getragen werden. Da dies zur Winterszeit überhaupt nicht möglich war, wurden die Toten eingefroren und erst im Frühling, nach der Schneeschmelze, zum fernen Friedhof gebracht und bestattet.

Burg Latsch

Gemeinde Latsch

Nun verlassen wir die Gemeinde Schlanders und nähern uns der Gemeinde Latsch, die wie Schlanders eine Marktgemeinde ist und zu der die Dörfer Latsch, Goldrain, Morter, St. Martin im Kofel und Tarsch zählen. Auf einer Fläche von 78,82 Quadratkilometern leben an die 5000 Personen.

Latsch zählt zu den großen Dörfern im Vinschgau und verfügt über eine stattliche Pfarrkirche. Die zwei Hauptportale der Latscher Pfarrkirche muss man gesehen haben: großartige Steinmetzkunst aus dem 15. Jahrhundert. Schaut euch mal die Darstellungen der Heiligen genau an! Findet ihr den Bart des heiligen Paulus auch so schön?

Mit Steinmetzkunst ist die Arbeit der Steinmetze gemeint, die mit Hammer und Meißel die verschiedensten Kunstwerke im Stein hinterlassen haben.

Neben der Pfarrkirche befindet sich die Burg Latsch. Dieses Haus war das Wohnhaus von Hans, dem Sager. Er war ein Dichter und zählt zu den Minnesängern, also zu jenen Sängern, die durch ihre Liebeslieder bekannt wurden.

Noch bekannter als die Portale der Pfarrkirche ist aber der Flügelaltar der Spitalskirche, der dem großen Meister Jörg Lederer zugesprochen wird.

Früher war an die Spitalskirche ein Hospiz angegliedert. Erinnert ihr euch, so ein Hospiz besuchten wir bereits in St. Valentin. Die Menschen sind an einem Tag zu Fuß von St. Valentin bis nach Latsch gekommen und haben hier wiederum eine Unterkunft für eine Nacht gefunden. Na-

Die Tänzer in Latsch

In einem Wirtshaus in Latsch ging es einst hoch her. Ein Dutzend Burschen und ebenso viele Mädchen tanzten wie toll und freuten sich über ihre Jugend. Da läutete draußen auf der Straße ein Ministrant sein Glöckchen. Das war das Zeichen, dass ein Priester mit der Kommunion vorbei kommt, da er sich auf dem Weg zu einem Schwerkranken befand. Sogleich verstummte im Saale die Musik, die Tänzer hielten mitten im Tanz inne, wie es Sitte ist und es sich ziemt. Viele traten ans Fenster oder vor die Tür, entblößten ihr Haupt, um den Segen des Priesters entgegenzunehmen. Ein einziges Paar war so tanzwütig, dass es gar nicht hörte und sah, ob die Musik spielte oder schwieg. Es hüpfte und walzte auch ohne Musik fort. Aber mit einem Mal begannen die zwei Tänzer zu taumeln, fielen hin und waren auf der Stelle tot.

türlich gab es auch Gasthäuser in Latsch und oft soll da ordentlich gefeiert worden sein:

In Latsch haben schon sehr früh Menschen gelebt. Das haben zum einen Ausgrabungen ergeben, zum anderen fand man in der Bichlkirche, versteckt im Altar, einen Menhir. Auf diesem Menhir (das ist ein großer Stein, der verschiedene Zeichnungen trägt) ist ein Mann zu sehen, der fast dieselben Waffen besitzt, wie sie bei Ötzi, dem Mann vom Hauslabjoch, gefunden wurden.

Goldrain

Der Name Goldrain soll in der Tat etwas mit Gold zu tun haben. So erzählt man sich, dass Goldrain schon in prähistorischer Zeit bedeutend war. In dieser Gegend soll es in der Urzeit kleinere Bergwerke gegeben haben, wo man Erz abgebaut hat. Sogar Gold hat man hier gefunden, zwar nur ein bisschen, aber immerhin.

Gold wert ist das wunderschöne Renaissanceschloss, das der Wohnsitz der Grafen Hendl war, die in Schanzen, einem nahen Wohnturm, zu Gericht gesessen haben. Die Grafen Hendl zählen zu den einflussreichsten Geschlechtern im Mittelvinschgau. Sie waren lange Zeit in dieser Gegend die Richterfamilie, die für Recht und Ordnung sorgte. Heute beherbergt das Schloss Goldrain das einzige Bildungshaus des Vinschgaus. Hier werden das ganze Jahr über Kurse abgehalten. Viele Kurse sind nur etwas für Erwachsene, aber in den Sommermonaten gibt es auch Angebote für Kinder!

Von Goldrain ist es nur ein Katzensprung zur Burg Annenberg (erbaut um 1300), die der Stammsitz der Herren von Annenberg war. Diese Grafenfamilie war eine sehr gebildete Familie im Tal, die auf ihrem Schloss um 1600 über die größte Bibliothek des ganzen Tales verfügte. Bücher waren damals sehr wertvoll. Einige Bücher davon sind so alt, dass sie noch gar nicht gedruckt waren, sondern einzeln von Hand geschrieben. Diese Schreibarbeit übernahmen meist Mönche in den Klöstern. Maximilian Mohr, der neben Obermontani und Dornsberg auch Annenberg erbte, verlegte diese Bibliothek um 1650 nach Obermontani. Obermontani steht am Eingang ins Martelltal, also fast gegenüber von Annenberg.

Schloss Goldrain ist heute Bildungshaus.

St. Martin im Kofel

Wandert man von Annenberg weiter, so kommt man nach St. Martin im Kofel, einem kleinen Bauerndorf, das erhaben über dem Tal thront. Diese Wanderung ist aber nur etwas für Geübte; sie ist zwar nicht allzu lang, aber sehr anstrengend, weil es immerzu bergauf geht. Aber ein Tipp: Damit der Ort leichter zu erreichen ist, führt eine neue Seilbahn hinauf. Von Latsch aus, wo sich die Seilbahnstation befindet, erreichen wir St. Martin kräfteschonend; dann kann man zu Fuß ins Tal wandern! Das ist viel bequemer!

Ist man aber erst mal oben, gibt es dort auch viele Möglichkeiten für kleinere und längere Wanderungen, die am Eingang der Tal- und Bergstation beschrieben sind!

In St. Martin gibt es eine kleine Kirche, die natürlich dem heiligen Martin geweiht ist. Dort befindet sich ein besonderes Bild dieses Heiligen:

St. Martin im Kofel

Das Gnadenbild des heiligen Martin, das in der Kirche am Kofel von Bauern und Hirten schon seit Jahrhunderten verehrt wird, gelangte auf wunderbare Art und Weise an seinen heutigen Standort. Ein Bauernknecht in Kortsch, der nachts das Feld bewässerte, sah ein blaues Licht, das von Göflan in Richtung Vorberg dahinschwebte. In Göflan war in der gleichen Nacht das Bild des heiligen Martin zu Pferd, ein Kreuz, eine Gans, alles aus Holz und das Glöcklein verschwunden. All diese Stücke fand man am Vorberg in einer Felsenhöhle wieder, die den Hirten als Ziegenstall diente. Man brachte sie sogleich nach Göflan zurück, fand sie aber am folgenden Morgen neuerdings in der Felsenhöhle. Durch dieses wundersame Ereignis entschlossen sich die Bauern des Vorberges, an der Stelle der Höhle zu Ehren des heiligen Martin eine Kirche zu bauen. St. Martin wird seither auf dem Vorberg sehr verehrt.

Morter

Morter ist ein kleines Dorf inmitten von Obstwiesen. Dort gibt es eine Kirche, die wegen ihrer Form Kleeblattkirche genannt wird. Sie sieht tatsächlich wie ein dreiblättriges Kleeblatt aus. Die Apsiden sind so angeordnet, dass man aus der Luft meint, es wäre ein Kleeblatt. Diese Kirche ist dem heiligen Vigilius geweiht und stammt aus dem 11. Jahrhundert, ist also romanisch! Im Innern der Kirche verläuft unter der Holzdecke eine Weiheinschrift, in lateinischer Sprache.

Es gibt aus dieser Zeit nicht so viele Schriftzüge, die noch erhalten sind! Wozu denn auch? In dieser Zeit konnten sowieso nur die Reichen und Adeligen lesen und schreiben und Unterricht gab es auch nur für diese! Mittlerweile müssen alle in die Schule. Aber das ist auch gut so, sonst würdest du ja meine Geschichten nicht lesen können, oder?

Nun aber weiter auf diesem Weg, hinauf zu den Burgen!

Unter- und Obermontani zählten zu den schönsten Burgen im Tal. Untermontani ist heute nur mehr eine Ruine, von Obermontani hingegen ist noch mehr erhalten. Dort steht neben der Burg die Stefanskapelle, eine kleine Kirche, die im Innern sehr schöne Fresken zeigt. Die Kapelle, die im 15. Jahrhundert neu errichtet wurde (vermutlich auf den Resten einer älteren Kapelle), birgt einen Freskenzyklus, der Passionsszenen und neben Szenen aus dem Leben des heiligen Stefan noch eine ganze Reihe weiterer Heiliger zeigt. Hier gibt es eine Szene, wo der heilige Alexius unter einer Treppe ein Nickerchen macht! Findest du dieses Bild?

Die Burg selbst wurde kurz vor 1228 erbaut und war bis in die Mitte des 19. Jahrhunderts bewohnt. Auf Obermontani wurden mehrere Handschriften aus dem Mittelalter gefunden. Darunter wurde auch

St. Vigilius

die berühmte Handschrift des Nibelungenliedes gefunden, welche sich heute in einem Museum in Berlin befindet. Diese Handschrift zählt zu den wertvollsten Schriften der deutschsprachigen Literatur. Mit Literatur meint man alle Geschichten und Textarten, die kluge Menschen im Laufe der Zeit erfunden und aufgeschrieben haben.

Übrigens der Bach, der da unter Obermontani vorbeiplätschert, das ist die Plima, die aus dem Martelltal kommt.

Burg Obermontani

Die Wanderung von Morter nach St. Stefan ist auch Kindern zuzumuten und für Ritterfans sicherlich ein Erlebnis!

Das goldene Kegelspiel

Stetig steigende Wohlhabenheit hatte auf Obermontani gepflegte Häuslichkeit einkehren lassen. Zudem genoss die Burg den Ruf von Vornehmheit und vertrug die Gleichstellung mit anderen Burgen. Heimelige und mit viel Geschmack eingerichtete Stuben, Goldschüsseln und damastene Decken bewiesen den gehobenen Stand. Die Burgdamen fanden Freude an all diesen Dingen und besonders an ihrem wertvollen Schmuck, die Ritter verbrachten gerne ihre Freizeit beim Spiel mit goldenen Kegeln. Dieses goldene Kegelspiel liegt noch in einer Höhle am Schlosshügel versteckt. Ein Bauer ging einmal dort vorbei und vernahm das Treiben der kegelnden Grafen. Mutig ging er dem Lärm nach, doch als er die Höhle betrat, war der Spuk verschwunden. Der Eingang zum dunklen Versteck ist aber heute noch sichtbar.

Tarsch

In der Nähe von Latsch gab es einen wichtigen Übergang ins Ultental und dann weiter auf den Nonsberg oder in die Lombardei. In der Nähe dieses Überganges stoßen wir auf die Ortschaft Tarsch. Dass dieser Übergang im Mittelalter wichtig war, beweist die Tatsache, dass der kleine Ort sogar zwei Hospize hatte, eines bei St. Michael, der Pfarrkirche, und eines bei St. Medardus.

In Tarsch ist die Pfarrkirche dem heiligen Michael geweiht. Interessant ist, dass wir in dieser Kirche Fresken finden, die mit jenen von St. Johann in Taufers vergleichbar sind. Bereits an der Tür erkennt man, dass hier ursprünglich ein Kommen und Gehen von Pilgern stattfand. Nicht zufällig finden wir an der Eingangstür immer wieder das Symbol der Jakobsmuschel, also jenes Symbols, das die Jakobspilger auf ihrer Pilgerreise nach St. Jakob in Compostela mitführten. Am heutigen Gasthof „zum Riesen" sieht man in der Tat einen Riesen dargestellt. Es dürfte dies ursprünglich wohl eine Christophorusdarstellung gewesen sein, was wiederum auf einen regen Pilgerzug hinweist. Dieser Gasthof war früher ein Hospiz.

Weiter oben im kleinen Dörfchen steht die Kirche zum heiligen Karpophorus, die über einen schönen romanischen Turm verfügt. Es ist dies die einzige Kirche in Südtirol, die diesem Heiligen geweiht ist.

Auf dem Weg inmitten von Obstwiesen kommen wir nach St. Medardus. Hier, an einem ehemals wichtigen Übergang über

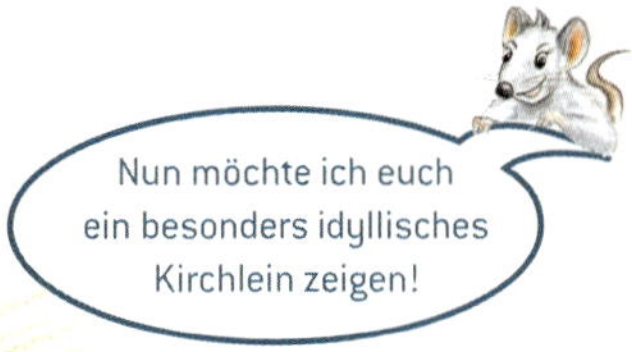

Von Tarsch führt ein Weg durch Obstplantagen direkt zur kleinen, aber feinen St.-Medardus-Kirche. Dies ist ein angenehmer Spaziergang, der auch mit Kinderwagen oder mit dem Fahrrad zu bewältigen ist. Auf dem Weg nach Tarsch, an der Latscher Sportzone, befindet sich ein Kinderspielplatz. In der Nähe kann dem Hallenschwimmbad, dem neu gestalteten Acquaforum, ein Besuch abgestattet werden.

St. Medardus ist ein uraltes Wasserheiligtum.

das Tarscher Jöchl ins Ultental, stand ein weiteres Hospiz, von dem allerdings nichts mehr erhalten ist. Erhalten geblieben ist allerdings die schöne romanische Kirche, die dem heiligen Medardus geweiht ist. Im Innern der Kirche befindet sich eine Quelle. Es dürfte sich hier wohl um ein prähistorisches Quellheiligtum handeln, über dessen Quelle später dann eine Kirche errichtet wurde. An den Stufen zum Altar liegt ein Schacht mit einem Holzdeckel. Darunter befindet sich die Quelle, die jedes Jahr Anfang Juni (also um den Medardustag) zu sprudeln beginnt und dann im Winter wieder versiegt. So ist es immer noch. Lange Zeit waren die Menschen überzeugt, dass das ein ganz besonderes Wasser ist, welches hilft, einige Krankheiten zu heilen.

Auch in dieser Kirche finden wir wiederum romanische Fresken, die schon beinahe bekannt anmuten, also auch hier war wohl ein Wandermaler unterwegs und hat mittels Fresken seine Spuren hinterlassen.

Der Schatz auf Medard

Hütbuben entdeckten einmal auf den Böden bei St. Medardus einen Haufen schönes gelbes Laub. Sie fanden Gefallen an den Blättern und steckten sie deshalb in die Häfen, in denen sie das Mittagessen mittrugen. Daheim angekommen hoben sie die Deckel von den Häfen, um die Blätter neuerdings zu betrachten. Wie staunten sie aber, als sie nicht mehr die gelben Blätter vorfanden, sondern die Töpfe mit goldenen, funkelnden Goldmünzen vollgestopft sahen. Kein Wunder, dass dieser Fund im Dorf Aufsehen erregte. Tags darauf sah man mehrere Tarscher auf die Böden hinaus eilen, um das kostbare Laub zu suchen. Aber es wollte keinem gelingen. Laubhaufen und Golddukaten blieben spurlos verschwunden.

Nun müssen wir aber wieder zurück nach Goldrain!

Von dort geht es weiter ins Martelltal. Dieses Tal muss ich besuchen! Dort gibt es nämlich meine Leibspeise: süße, fruchtige Erdbeeren! Die Marteller haben sich auf den Anbau von Erdbeeren spezialisiert und davon verstehen sie mittlerweile tatsächlich etwas! Nur uns Mäusen wollen sie die süßen Früchte nicht gönnen!

RÄTSEL

Was ist ein Hospiz?
- ein Krankenhaus (G)
- ein Viersternehotel (H)
- ein Übernachtungsort im Mittelalter für Wanderer und Reisende (I)

Trage den Buchstaben, der neben der richtigen Antwort in Klammern steht, in das Kästchen ein!

Höfegruppe in Martell

Gemeinde Martell

Die Gemeinde Martell dehnt sich auf 143,82 Quadratkilometer aus und weist zirka 900 Einwohner auf. Die kleinen Ortschaften Ennetal, Ennewasser, Gand, Meiern und Sonnenberg bilden die Gemeinde.

Martell ist landschaftlich sehr interessant und beheimatet eine Reihe von schönen Bergbauernhöfen.

Durch das Martelltal fließt die Plima. Nach diesem Bach wurde auch der Marteller Granit benannt, der als Bodenfliese sehr beliebt ist.

Das Tal gehört zum Nationalpark Stilfser Joch, also werden auch hier viele Tierarten besonders geschützt! Nur auf die Mäuse haben sie diesen Schutz noch nicht ausgedehnt! Ich versteh das einfach nicht! So viel futtern wir nun auch wieder nicht, dass die Menschen uns so hassen müssten! Wir sind doch eigentlich ganz liebe Tierchen – oder findet ihr nicht?

Ich empfehle euch einen Besuch im Nationalparkhaus „Culturamartell". In diesem Haus könnt ihr eine Ausstellung sehen, die euch zeigt, wie die bäuerliche Bevölkerung früher gelebt hat und wie eng verknüpft das Leben der Tierwelt und das der bäuerlichen Bevölkerung ist.

Neben einem Besuch im Nationalparkhaus Culturamartell, das ich euch bereits vorgestellt habe, gibt es in der Sportzone Trattla einen schönen Spielplatz! Natürlich ist das Tal auf vielfache Art und Weise zu erwandern, wobei anzumerken ist, dass die Wanderwege in der Regel über eine gute Beschilderung verfügen.

Erdbeerfeld im Martelltal

Im Winter ist das Martelltal ein Langlaufparadies. Man findet stets gut präparierte Loipen. Fast jedes Jahr werden mehrere Rennen ausgeführt. Auch für Schneeschuhwanderungen eignet sich die Gegend.

Sonntagsjäger in Stallwies

Auf Stallwies, dem höchsten und entlegensten Hof in Martell, lebte einst ein leidenschaftlicher Schütze und Jäger. Er ging auch an Sonntagen auf die Pirsch, ohne sich im Geringsten an seine Christenpflicht zu kümmern (gemeint ist damit der sonntägliche Gottesdienst). Eines Sonntags Morgen pirschte der Stallwieser ohne Erfolg herum, bis es im Dorf drunten zur Wandlung läutete. Da tauchte plötzlich vor dem Jäger ein weißer Hirsch auf, den er nun, brennend vor Leidenschaft, über Stock und Stein, durch Feld und Wald bis in unzugängliche Felswände verfolgte. Endlich glaubte der Jäger sich in Schussnähe zu befinden. Er zielte, ein Schuss krachte, der weiße Hirsch war jedoch spurlos verschwunden. Der Stallwieser aber befand sich in einem unzugänglichen Felsen und konnte weder vor noch zurück: Er musste in der steilen Felswand zugrunde gehen.

RÄTSEL

Wie heißt der Bach, der durch das Martelltal fließt?

- Plima
- Puni
- Saldur

Trage den dritten Buchstaben der richtigen Antwort in das Kästchen ein!

Gemeinde Kastelbell-Tschars

Wir ziehen nun weiter nach Kastelbell. Kastelbell/Tschars heißt diese Gemeinde, die eine Größe von 53,85 Quadratkilometern aufweist und in der etwa 2500 Personen leben. Die Gemeinde setzt sich aus folgenden Orten zusammen: Kastelbell, Tschars, Freiberg, Galsaun, Juval, Latschinig, Tomberg und Trumsberg.

Von Weitem ist ein schönes Schloss sichtbar, das majestätisch auf einem Felsvorsprung thront. Es war dies der Sitz der Grafen Hendl, die in Kastelbell die Gerichtsbarkeit innehatten. Erinnert ihr euch noch an diese Grafen? Wir haben sie schon auf Schloss Goldrain kennengelernt. Als der letzte männliche Spross dieses Geschlechtes starb, ging das Schloss in Staatsbesitz über; heute gehört es dem Land Südtirol.

Heute finden in diesem Schloss immer wieder Ausstellungen statt. Eine interessante Dauerausstellung gibt uns spannende Einblicke in den Verlauf der alten Römerstraße, der Via Claudia Augusta, die sich durch den gesamten Vinschgau gezogen hat.

Diese Burg gab übrigens dem Dorf den Namen: Castel bellum, schönes Schloss!

Nicht so erhaben wirkt die nahe gelegene Burg Kasten in Galsaun. Dort hatte man noch nie ein Herz für Mäuse! Stellt euch vor, nur damit unsereins ja kein Getreidekörnchen stehlen kann, hat man dort den Kornspeicher so erbaut, dass keine Maus ihn jemals erklimmen kann! Dieser Kornspeicher stand erhöht da und war nur über eine Treppe zu begehen. Vielleicht stand er sogar einmal nur auf Pfosten. Ja, und daher hat die Burg den Namen: Burg Kasten! Die Burg ist in Privatbesitz und kann daher nicht besichtigt werden.

Tschars liegt an der linken Talseite und wurde erstmals um 1147 in Zusammenhang mit dem Kloster Steingaden in Bayern erwähnt. Dieses Kloster hatte nämlich Besitzungen in Tschars. Im Ort befinden sich einige stattliche Häuser, die über eine schöne Architektur verfügen. Diese stattlichen Häuser gehörten meist zu einem Kloster oder einem Adeligen. Die Bauern konnten es sich nicht leisten, ihre Häuser auf solche Art zu schmücken. Schaut euch mal den Pfarrhof oder das Klosterhaus an! Sind das nicht wunderschöne Häuser?

Die gotische Pfarrkirche, die später einen barocken Zwiebelturm erhielt, ist dem heiligen Martin geweiht.

Schloss Kastelbell

Von Tschars führt ein Waalweg zum **Schloss Juval,** das im Frühjahr und im Herbst im Rahmen einer Führung zu besichtigen ist. Das Schloss, das im Besitz von Extrembergsteiger Reinhold Messner ist, zeigt Tiroler und tibetanische Kultur gleichermaßen. Diese **Waalwanderung** ist nur mit wandererprobten Kindern empfehlenswert, da sie sich doch etwas in die Länge zieht und drei bis vier Stunden in Anspruch nimmt.

Die Schlossfrau auf Hochgalsaun

Als der Adel des Vinschgaus sich nicht vor dem Landesfürsten Friedrich mit der leeren Tasche beugen wollte, und die ihm treu ergebenen Ritter verfolgte und beraubte, beschloss Friedrich, die mächtigen Schlandersberger zu demütigen. Dies geschah um 1400. Er zog deshalb vor das Schloss Hochgalsaun, das ihnen gehörte und belagerte es längere Zeit, da er die Burg wegen ihrer Wehrhaftigkeit nicht einzunehmen vermochte. Als die Not im Schloss aufs Höchste gestiegen war, erflehte die Edelfrau von Hochgalsaun freien Abzug mit dem, was sie selbst tragen konnte. Friedrich erlaubte es. So zog sie mit ihrem Gemahl auf dem Rücken und den wichtigsten Schriften in der Schürze von der Burg herab. Der Herzog hielt getreu sein gegebenes Wort und gewährte edelmütig freien Durchzug. Die Burg jedoch ließ er restlos zerstören.

Über dem Ort Galsaun soll früher noch eine Burg gestanden haben, die den Grafen von Schlandersberg gehört haben soll.

RÄTSEL

Was gab dem Schloss Kasten seinen Namen?

- ein Weinfass
- ein Honigeimer
- ein Getreidespeicher

Trage den ersten Buchstaben der richtigen Antwort in das Kästchen ein!

Schloss Juval

Gemeinde Naturns

Jetzt erreichen wir Naturns! Habt ihr noch Lust mitzukommen? Die Marktgemeinde Naturns umfasst eine Fläche von 67,05 Quadratkilometern. Zu Naturns gehören auch Tabland und Staben. In diesem Gemeindegebiet leben zirka 5300 Personen.

Naturns ist ein großer Ort mit vielen Hotels, dessen Pfarrkirche dem heiligen Zeno geweiht ist. Am nördlichen Ortsrand befindet sich die Burg Hochnaturns; etwas südlich von Naturns steht die Burg Dornsberg, die auch Tarantsberg genannt wird. Das ist die Burg, die einige Zeit Maximilian Mohr gehört hat! Erinnert ihr euch noch?

Das bekannteste Bauwerk von Naturns ist eine kleine Kirche. St. Prokulus war früher die Grablege (also das Grab der adeligen Familie) der Herren von Dornsberg und der Herren von Annenberg, die du auch schon kennst, oder?

St. Prokulus ist die einzige Kirche im Tal, in der neben anderen wunderschönen Fresken auch eine Tierherde abgebildet ist. Das kleine, uralte Kirchlein steht vermutlich auf den Resten eines römischen Gebäudes und besticht durch seine Einfachheit und seine besondere Ausmalung.

Die Kirche zählt zu den ältesten im gesamten Alpenraum und ist auf alle Fälle einen Besuch wert.

In unmittelbarer Nähe der Kirche befindet sich ein Museum, das über die Entstehung von St. Prokulus berichtet, euch die schlimme Zeit, in der die Pest im Vinschgau wütete, vor Augen führt und

St. Prokolus

vom Leben in früher Zeit erzählt. Ihr seht dort abgenommene Fresken, Schmuckstücke von den Ausgrabungen und in einem Film wird das Leben der Menschen zur Zeit der Pest (um 1630) erklärt.

In unmittelbarer Nähe des Bahnhofs befindet sich ein großer, schöner Spielplatz, auf dem jedes Kind eine Betätigung findet. Der Spielplatz liegt zudem am Fahrradweg, der hier am Etschdamm verläuft. Außerdem verfügt Naturns über ein großzügig angelegtes Erlebnisbad.

Jetzt geht es nochmals zurück bis zur Mündung des Schnalser Baches und von dort, wo heute ein Bauernladen steht, ab ins Schnalstal!

Dieses Tal dürfen wir nicht vergessen. Im Schnalstal gab es einst reiche Bauernhöfe und man erzählt sich heute noch, dass die Naturnser Bauern, als die Talsohle noch versumpft war und keine Apfelbäume im Tal standen, oft bei den reichen Schnalser Bauern Geld liehen, um sich und ihre Familie über Wasser zu halten.

Gupf, gib dem Letzten an Schupf!

Als redlicher Hüter der Burg Hochnaturns genoss der Gupfete weitum gewaltiges Ansehen nicht nur im Leben, sondern auch nachdem Ritter Kosmas längst gestorben war. Als einmal ein paar angeheiterte Männer von einer Törggelepartie zu später Stunde auf einem Feldweg unterhalb der Burg schwankend heimkehrten, da rief ein Waghalsiger zu seinem Zechkumpanen zurück: „Gupf, gib dem Letzten an Schupf!“ Im gleichen Augenblick waren schwere Schritte zu hören und wie im eiligen Lauf kam ein Säbelgerassel immer näher. „Der Gupf, der Gupf!“, schrien alle auf und stürzten in gewaltigem Schrecken davon. Diese Männer haben den Gupfeten sicherlich ihr Leben lang nicht mehr angerufen.

Heute noch rufen sich die Kinder in Naturns zu: „Renn, sonst holt dich der Gupf!“, wenn sie nach dem Dunkelwerden unterwegs sind.

Museum St. Prokolus

RÄTSEL

Auf den Resten von welchem Haus wurde St. Prokulus erbaut?
- auf den Resten eines Tiroler Hauses (C)
- auf den Resten eines römischen Hauses (D)
- auf den Resten eines rätischen Hauses (E

Trage den Buchstaben, der in Klammer hinter der richtigen Antwort steht, in das Kästchen ein.

Schnals, Katharinaberg

Gemeinde Schnals

Die Gemeinde Schnals dehnt sich auf 210,43 Quadratkilometern aus; auf dieser Fläche leben etwa 1500 Personen. Zur Gemeinde Schnals zählen die Ortschaften Karthaus, Katharinaberg, Unser Frau und Vernagt.

Im Tal selbst gibt es die drei genannten Dörfer, die alle auf alte Wurzeln zurückgehen. Durch den Sommerskilauf am Gletscher ist das Schnalstal für den Tourismus bedeutend geworden. Dennoch findet man im Tal auch heute noch die typischen Bauernhöfe, die zur Gänze aus Holz sind.

Ganz besonders interessant ist der Ort Karthaus! Er entstand in den ehemaligen Klostermauern des Kartäuserklosters, das aufgehoben wurde und in viele kleine Parzellen zerlegt wurde. Die Kartäusermönche lebten einzeln in ihren Zellen, jeder hatte davor ein Stück Garten, den er bearbeitete. Die Mönche sprachen nur zu bestimmten Gelegenheiten miteinander. Meist schwiegen sie und beteten. Weil jeder Mönch seine eigene Wohneinheit hatte, war es nach der Aufhebung leicht, das Kloster aufzuteilen, sodass heute mehrere Familien in den alten Klostermauern ihre Wohnung haben.

Auf der anderen Talseite wurde auf einem Felsvorsprung das Dorf Katharinaberg erbaut, das über eine Pfarrkirche mit einem ausgesprochen schönen Kirchturm verfügt. Die Legende erzählt, dass diese Kirche auf einer ehemaligen Burg errichtet wurde, die die Kartäusermönche schleifen ließen. Schleifen lassen ist ein alter Ausdruck für Abbrechen.

Typische Schnalser Höfe

Im kleinen Dorf Unser Frau entdecken wir etwas Besonderes.

Die Pfarrkirche von Unser Frau ist der Mutter Gottes geweiht und zählt zu den ältesten Wallfahrtskirchen Tirols. In dieser Kirche gibt es eine kleine Muttergottes-Statue, die aus Buchsbaumholz geschnitzt wurde und recht dunkel aussieht. Man vermutet, dass Pilger, die aus Rom zurückkamen, diese Statue in der Kirche zurückgelassen haben. Die Menschen sind von der besonderen Kraft dieser Muttergottes überzeugt und viele pilgern in diese Kirche, um zu beten.

Diese besondere Statue steht aber nicht auf dem Hauptaltar. Findest du sie?

In Unser Frau gibt es noch etwas Spannendes für euch zu entdecken. Im Archeopark wird euch das Leben in der Steinzeit – also zu Ötzis Zeit – ganz genau erklärt. Ihr könnt auch vieles selber ausprobieren! Los, da muss man gewesen sein!

Aber komm, es geht noch weiter! Im nächsten Ort gibt es wieder etwas Trauriges zu berichten! Erinnerst du dich noch an Graun im Obervinschgau? Hier ging es ganz ähnlich zu!

Im kleinen Weiler Vernagt hat man einige Gehöfte kurzerhand unter Wasser gesetzt und so einen Stausee geschaffen, dessen Wasser zur Stromgewinnung über eine Druckleitung nach Naturns geleitet wird. In Vernagt stehen daher nur mehr wenige Höfe.

Im Talschluss gibt es jenen bekannten Übergang über das Hauslabjoch ins Ötztal, auf dem 1991 die Gletschermumie Ötzi gefunden wurde.

Dieser uralte Übergang hat auch heute noch eine große Bedeutung: Die Schnalser Bauern bringen jedes Jahr ihre Schafe ins Ötztal und lassen sie dort weiden.

Es sind dies alte Weiderechte. Seit Jahrhunderten dürfen die Schafe der Schnalser Bauern auf bestimmten Weiden im Ötztal den Sommer verbringen. Teile des Ötztales gehörten kirchlich gesehen lange Zeit zu Schnals und die Verbindungen bestehen nicht zuletzt deshalb noch.

Mit dem Schnalser Bach sind wir an der politischen Grenze des Bezirkes Vinschgau angelangt. Also bis hierher wird das Tal von der Bezirksgemeinschaft Vinschgau verwaltet. Geografisch gesehen reicht das Tal aber bis auf die Töll, die eine natürliche Talenge bildet.

? RÄTSEL

Wo fand man Ötzi, die Gletschermumie?
- am Hauslabjoch
- am Stilfser Joch
- am Tarscher Jöchl

Trage den zweiten und dritten Buchstaben der richtigen Antwort in die Kästchen ein.

Die Niederjöchler

Vom Schnalstal führt ein Pfad über den Niederjochferner nach Vent im Ötztal. Auf jenem Ferner (anderer Ausdruck für Gletscher) wohnten Eismännlein, die man dort auch Eisnörggelen oder kurz Niederjöchler nannte.

Hoch oben auf dem Niederjoch trug es sich einst zu, dass ein Hirte sich im Unwetter bei strenger Kälte verirrte, todmüde sich auf eine Steinplatte setzte und einschlief.

Auf einmal wurde er wachgerüttelt und geschüttelt. Wie er endlich aus dem erstarrten Schlummer auffuhr, standen zwei Niederjöchler vor ihm, fassten ihn gemeinsam an und schleppten ihn bis zum Abstieg ins Schnalser Tal. Durch die andauernde Bewegung wurde der Mann wieder frisch und erreichte glücklich das Tal.

Der Hirte, der hernach noch lange lebte, ließ zum Dank an jener Stelle ein Marterl errichten.

Auf den Gletschern sollen ganz besondere Wesen leben – Hexen und Eisnörggelen! Na, ja ich glaube natürlich nicht daran, aber in den Sagen ist oft davon die Rede!

Geschafft! Wir haben nun zusammen den Vinschgau erkundet! Wer möchte, kann noch weiter wandern bis nach Meran! Da muss man vorbei an Rabland und dann durch die Talenge der Töll hinunter und schon öffnet sich der Meraner Talkessel!

Aber ich bin jetzt erstmal müde und muss mich ausruhen!

Also dann! Danke für deine Begleitung! Tschüss, bis zum nächsten Mal!

So, und wenn du fleißig aufgepasst hast, dann ist das kleine Rätsel auf Seite 101 für dich überhaupt kein Problem!

Würfle die einzelnen Lösungsbuchstaben so lange durcheinander, bis ein Satz entsteht. Zwei Buchstaben fehlen. Diese sind bereits an richtiger Stelle eingetragen und helfen dir, die Lösung zu finden.

DIE STILRICHTUNGEN

Die Antike

Als **Antike** wird die Zeitepoche von zirka 1200 v. Chr. bis zirka 600 n. Chr. oder die Kunst der alten Griechen und Römer bezeichnet. Aus dieser Zeit haben sich im Vinschgau keine Bauten erhalten; die Römer haben uns aber einige Funde hinterlassen, wie den Aphroditekopf aus Mals, mehrere Münzfunde auf der Malser Haide, in Mals und in Laatsch oder Gegenstände, die bei den Ausgrabungen in St. Prokulus gefunden wurden.

Karolingischer Stil

Als **karolingischen Baustil** bezeichnet man die Bauweise zur Zeit von Kaiser Karl dem Großen, also um 800. Diese Stilrichtung wird manchmal auch frühromanisch genannt. Die St.-Benedikt-Kirche in Mals und die St.-Prokulus-Kirche in Naturns sind karolingisch. In dieser Zeit wurden kleine, regelmäßige, Hallenkirchen erbaut.

Romanik

Der **romanische Stil** zeichnet sich durch Rundbögen aus. Wir haben in der Zeit zwischen 1000 und etwa 1300 runde Bögen an den Türen, runde Bögen an den Fenstern und runde Apsiden. Als Apsis wird der Altarraum, also der Teil einer Kirche, in dem sich der Priester während der Messe aufhält, bezeichnet. St. Medardus ist romanisch.

Gotik

Die **Gotik** herrscht im Vinschgau zwischen ca. 1300 und 1500 vor. In der Gotik werden Tür- und Fensterbögen spitz. In den Fenstern, vor allem in den Schalllöchern der Kirchtürme, treffen wir oft auf Maßwerk. Im Innern der Kirchen finden wir oft Netzgratgewölbe vor, also Gewölbe, die wie mit einem Netz aus Mauerwerk verstärkt wirken. Die Gotik ist auch jene Zeit, in der man die Flügelaltäre baute.

Renaissance

Die **Renaissance** ist die Stilrichtung, die Tirol von etwa 1525 – 1625 beeinflusst hat. Renaissance heißt Wiedergeburt; gemeint ist damit, dass man wieder an die früheren Stilrichtungen denkt, aber dennoch Neues schafft. Wir treffen wieder auf runde Bögen; es wird aber auch wert auf schöne Verzierungen gelegt.

Barock

Der **Barock** ist die Kunstrichtung von 1700 bis etwa 1800. In dieser Zeit wird großer Wert auf auffällige Stuckaturen und viel Zierrat gelegt. Fassaden werden prachtvoll und üppig gestaltet und viele Wandmalereien schmücken die Gebäude. Als wohl wichtigstes Beispiel im Vinschgau kann man die Kirche von Marienberg nennen.

Jugendstil

Der **Jugendstil** ist die Stilrichtung um 1900. Die Merkmale des Jugendstils sind lange, geschwungene Linien, die sich an pflanzlichen Motiven orientieren und geometrische Ornamente, in denen die Asymmetrie bevorzugt wird. Diese Stilrichtung treffen wir manchmal bei Villen und Hotelbauten, wie zum Beispiel in Spondinig, weniger aber bei Kirchen an.

Moderne

Die **Moderne** ist die Stilrichtung unserer Zeit, also des 20. Jahrhunderts, in der viel Stahl und Glas verwendet wird. Moderne Bauten zeichnen sich durch klare Linien und Formen aus.

Wichtige Rufnummern

Tourismusverein
Vinschgauer Oberland
Graun: Tel. 0473 73 70 90
Reschen: Tel. 0473 63 31 01
St. Valentin: Tel. 0473 63 46 03

Tourismusverein
Ferienregion Obervinschgau
Mals: Tel. 0473 83 11 90
Burgeis: Tel. 0473 83 14 22
Glurns: Tel. 0473 83 10 97
Schluderns: Tel. 0473 61 52 58

Ferienregion Ortler
im Nationalpark Stilfserjoch
Sulden: Tel. 0473 73 70 60

Tourismusverein Taufers im Münstertal
Taufers: Tel. 0473 73 70 80

Tourismusverband Vinschgau
Schlanders: Tel. 0473 62 04 80

Tourismusverein Schlanders/Laas,
Schlanders: Tel. 0473 73 70 50

Ferienparadies Latsch/Martell,
Latsch: Tel. 0473 62 31 09

Tourismusverein Kastelbell-Tschars,
Kastelbell: Tel. 0473 73 70 20

Freizeiteinrichtungen

Aquaprad, Prad: Tel. 0473 61 82 12

Archeopark, Schnals: Tel. 0473 67 60 20

Fahrradverleih: Hotline 20 15 00

Museum Marienberg,
Marienberg: Tel. 0473 84 39 80

Naturatrafoi, Trafoi: Tel. 0473 61 20 31

Vintschger Museum, Schluderns:
Tel. 0473 61 55 90

EIN FRISCHER GENUSS AUS BESTER MILCH
VON SÜDTIROLER BERGBAUERNHÖFEN.

Qualität Südtirol

Die wertvollen Inhaltsstoffe der Milch und erlesener Früchte vereinen sich zu einer gesunden und leichten Spezialität, die man jederzeit gerne genießt. Yogurt Drink Mila in der praktischen Trinkflasche zu 200 g mit wiederverschließbarem Verschluss gibt es jetzt auch in der erfrischenden Geschmacksrichtung Fior di Latte - für eine Pause, die deinen Durst nach Geschmack stillt.

mila

Milch mit Liebe. Milch aus Südtirol.

.::Kinder Zeit!::
sport+well
freizeit + sport + tempo libero
Tennis, planschen,
kegeln, skifahren,
langlaufen, rodeln...
SKISCHULE WATLES
Watles
SKIGEBIET & WANDERGEBIET
TOURISTIK & FREIZEIT AG | 39024 Mals (BZ) | Glurnserstraße 7
www.watles.net
Tel./Fax 0473 835456
www.sportwell.it
Tel. 0473 831590 | Fax 0473 835955

RÄTSEL

Wenn ihr jetzt auch noch das Rätsel löst, dann seid ihr richtige Vinschgau-Kenner!

E
L

Erlebnisführer für Familien

ISBN 978-88-8266-559-3

ISBN 978-88-6011-095-4

ISBN 978-88-6011-119-7

ISBN 978-88-6011-120-3

ISBN 978-88-8266-682-8

■ Die Erlebnisführer Südtirol präsentieren das vielseitige Freizeitangebot der einzelnen Ortschaften. Die Bände beschreiben den Vinschgau, die Stadt Meran und ihre Umgebung, den Raum Bozen, das Eisacktal und das Pustertal. Wanderungen, Radtouren, Ausflüge mit Kindern, Spazierwege mit dem Kinderwagen, einmalige Naturschönheiten und kulturhistorische Besonderheiten werden vorgestellt.

Literaturliste

Alle Sagen wurden dem Buch „Sagen aus dem Vinschgau“ von Robert Winkler entnommen.

Sagen aus dem Vinschgau: Robert Winkler Arundaschriften Nr. 40 1995

Die Kunstdenkmäler Südtirol: Magdalena Weingartner-Hörmann, Athesia-Tyrolia 1991

Kunst im Vinschgau: Erich Egg, Tappeiner-Athesia 1992

Kunstraum Südtirol: Leo Andergassen, Athesia 2007

Die Romanik in der Gemeinde Mals: Helene Dietl Laganda, Tappeiner 2005

Bildnachweis

Archeoparc Schnals: Umschlag, Klappe vorne

Helene Dietl Laganda: Seite 8, 11, 12 u., 13, 14, 16, 17, 18, 19, 21, 22, 23, 24, 25, 26, 27, 29, 30, 32, 33, 34, 36, 37, 44, 48, 49, 53 u., 56, 59, 61, 63 m., 64, 65, 69, 73, 75, 77, 78, 83, 89, 90, 91, 92, 93 l., 96, 97/2, 97/4

Ferienregion Obervinschgau: Seite 43, 45, 97/1

Ferienregion Ortlergebiet: Seite 52, 53 o., 55

Alois Koch: Seite 40, 41

Ludwig Schöpf: Seite 12 o.

Stilfserjoch-Nationalpark: Seite 57, 97/3

Tourismusbüro Kastelbell/Tschars: Seite 86

Tourismusverein Schlanders/Laas: Seite 58, 63 u., 66, 71, 72

Umschlagvorderseite: Tourismusvereine im Vinschgau und Tourismusverband Vinschgau

www.fotolia.de: Umschlag, Titelbild

www.sagen.at: Seite 81

www.visit-suedtirol.it: Seite 84, 87, 88, 93 r.